넘어져야
**일어설 수 있고**
일어서야
**걸을 수 있다**

**넘어져야**
일어설 수 있고
**일어서야**
걸을 수 있다

2013년 12월 10일 1판 1쇄 인쇄
2014년 04월 20일 1판 2쇄 발행

저　자 | 박문영
펴낸이 | 김정재
펴낸곳 | 나래북　예림북
디자인 | 파워북
등록번호 | 제 313-2007-27호
주소 | 서울특별시 마포구 독막로 10(합정동) 성지빌딩 616호
전화 | 02-3141-6147
팩스 | 02-3141-6148
e-mail | scrap30@msn.com

ISBN 978-89-94134-30-7 03810
※ 잘못된 책은 구입하신 서점에서 교환해 드립니다.
※ 저자와의 협의에 따라 인지를 생략합니다.
※ 본 책의 부분 발췌나 복제를 금합니다.

# 넘어져야
## 일어설 수 있고
### 일어서야
## 걸을 수 있다

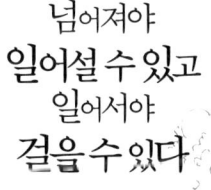

인생을
아름답고 향기롭게

박문영 지음

나래북

● prologue ●

## 세상을 관통하는 눈을 가지려면?

플라스틱 물통이 나오기 전에 사람들은 나무 물통을 사용했다. 영양학자들은 사람에게 꼭 필요한 영양소가 한 가지만 부족해도 질병에 걸리게 된다는 사례로, 이빨 빠진 물통에서 물이 새는 그림을 보여주곤 했다.

성공적인 인생을 원하는가? 지금의 인생을 역전시킬 비책을 원하는가? 이가 꽉 찬 나무 물통처럼 우리 인생이 알차게 채워져 있다면 얼마나 좋을까! 그러나 큰 재산을 지닌 부자에게도 이 빠진 물통처럼 술이나 마약, 도박, 난폭한 성격 등, 치명적인 결함이 있다면 그는 일개 촌부보다 못한 불행한 삶을 사는 것이다. 그리고 가진 것을 한순간에 잃게 될지도 모른다. 이처럼 우리 주위에는 우리를 수렁으로 빠뜨리려는 위험들이 우리 일상을 노리고 있다. 당신은 지금 어디에 빠져 있는가? 술? 담배? 저질 체력? 게으름? 분노? 팔랑귀? 실천력 부족? 신념 중독? 야식? 오락 탐닉? 이거 다 조금씩 당신 삶을 좀먹어 간다. 만약 당신이 이런데 깊숙이 빠져 있다면 인생 역전은커녕 인생 패망부터 먼저 맛보게 될 것이다. 성공을 꿈꾼다면 이런 위험한 인생 지뢰부터 제거해야 할 것이다. 그러면 역전의 방법이 보인다.

두루두루 원만한 인생을 살면서 실수 없는 인생 수련을 통하여 누구도 따를 수 없는 내공을 축적하고 급기야 결정이 순간, 인생 역

전의 꽃을 피우고 싶다면, 이 책을 '소유하고 싶다'는 '아름다운 욕망'에 투자하라! '항상성'과 '지속성'을 오래 간직하여 인생 역전의 기틀을 마련하고 싶은 당신의 마음과 그렇지 못한 현실 사이에서 무엇을 어떻게 해야 할지 알고 싶다면 투자하라! 당신의 '책값을 내는 아름다운 욕망'을. 투자 없이 소득도 없다. 이 책은 아무도 가르쳐 주지 않는 인생 역전의 지혜를 알려주기 위해 쓴 책이다.

끝으로, 이 책이 당신에게 인생 한 방의 비책을 가르쳐 줄 것이라고는 기대하지 마라. 부담된다. 인생에 한 방은 없다! 나는 이 책으로 한 방을 노리는 비책을 말하려는 게 아니다. 단지, 내공 폭발의 과정에서 필요한 수많은 잔기술을 알려주고 싶을 뿐이다. 즉, 어떻게 하면 화산폭발처럼 에너지를 '마음의 동요 없이 축적해 일시에 폭발시킬 수 있는가'를 말하고 싶을 뿐이다.

작가가 그걸 다 알기 때문에 썼다고 생각한다면 그건 과대평가다. 그러나 사람에게 꼭 필요한 영양소인 칼슘과 철분은 사이가 나빠 서로 싸우지만, 그 눌을 동시에 복용할 수 있는 잔기술 정도는 알고 있기에 이 책을 쓴다.

_박문영

차례 ● contents ●

● prologue _ 세상을 관통하는 힘을 가지려면 · 4

## CHAPTER 1
# 넘어져야 일어설 수 있고
# 　　　일어서야 걸을 수 있다.

달팽이 · 15
하루만 하나님이 된 사람 · 19
린드버그의 비행 · 23
임팔라 사슴과 사자 이야기 · 27
도자기의 비밀 · 33
권법의 비결 · 38
천사의 아이디어 · 43
청춘의 샘 · 47
나폴리 피자 · 52

자살조차 실패한 사나이 · 57
전장에서 온 편지 · 61
개구리의 비상 · 64
매미 스승님 · 67
아무것도 결정하지 못하는 사람 · 70
세 가지 비결 · 73
악마의 목소리 · 76
냉동실 속의 히터 · 84
불로초 · 89
큰 얼굴의 사나이 · 91
어느 배우의 은퇴 · 95
가난한 시인과 그의 아들 · 98

CHAPTER 2
# 살아 있다는 것은 이미 절반의 성공

노자의 내기 골프 · 103
공중부양 · 108

사군자 치는 법 · 112

병을 고쳐주는 연못 · 121

제우스의 호리병 · 124

천당에 간 김 집사 · 127

인도로 가는 길 · 136

매 맞은 수도승 · 144

전쟁터의 수혈 방법 · 148

현명한 재판관 · 151

철강왕 카네기의 약속 · 156

항상 외로웠던 여자 · 160

광고의 귀재 · 166

바이올리니스트와 대통령 · 171

순대 재벌 이 할머니 · 174

포장마차와 분식집 · 183

주방의 노래 박사 · 188

역사는 돌고 돈다 · 195

컨설팅 회사의 조언 · 198

가수 김도향의 전향 이유 · 203

## CHAPTER 3
## 값진 인생을 위한 마음 풍경

인류 최고의 발명 · 211

양심이의 일생 · 216

마침표의 탄생 · 221

아전인수 我田引水 · 224

하루살이 꽃 · 228

허탈한 강의 · 231

스트라디바리우스의 첼로 · 234

눈물의 편지 · 237

굶고 있는 어린 예수 · 240

어느 분단국가의 여론 조사 · 243

장군과 독재자 · 247

바흐의 일기 · 243

공격 명령 · 258

술 마시는 사람 · 262

하늘엔 태양이, 땅 위엔 들꽃이, 인간에게는 소망이 있다.

CHAPTER 1

# 넘어져야 일어설 수 있고 일어서야 걸을 수 있다.

**인생이란 무엇인가?
시련을 넘어 서는 자신감.**

성공이 내게 말했다! 도전하라고.

## 달팽이

달팽이, 자벌레, 불개미가 꽃나무 꼭대기에 있는 꿀을 먹으려고 나무 위로 올라갔다. 나무 위에 오르자 기다리고 있던 까마귀가 말했다. "여긴 꽃이 이미 다 졌는걸…. 내가 보니까 저 아래 풀숲에 꽃이 피었는데 꽃 속에 꿀이 많이 보이네? 먼저 가는 사람이 꿀을 먹을 수 있겠는걸…." 그 말을 듣자마자 불개미가 재빨리 달려나가며 말했다. "안녕! 저 꿀은 내 차지야! 안됐지만 나중에 오는 사람에겐 먹을 것이 없겠어!" 하고 불개미가 부리나케 나무 아래로 내려가기 시작했다. 자벌레도 몸을 웅크린 채 말했다. "이듬만 해도 꿀을 먹을 수 있을 거야. 달팽아! 안됐지만 너는 단념하는 게 좋을 것 같구나…." 자벌레가 웅크렸던 몸을 쭉 펴며 나무 잎사귀 끝쪽으로 이동하기 시작했다. (기)

달팽이는 그들의 말에 단념하지 않고 자벌레의 뒤를 따라 나무 아래로 달리기 시작했다. 달팽이가 나뭇잎 중간쯤에 도착할 즈음, 불개미는 이미 나뭇잎을 지나 가지로 이동하고 있었다. 자벌레도 열심히 몸을 폈다 웅크렸다 하며 가지 쪽으로 접근하고 있었다. 달팽이는 개의치 않고 간절한 마음으로 열심히 땀을 흘리며 가지 쪽으로 이동을 계속했다. 잠시 후, 여름 소나기가 내리기 시작했다. (승)

갑자기 내리는 소낙비에 불개미와 자벌레는 나뭇가지 아래로 숨어서 비를 피하고 있었다. 그러자 비는 점점 더 세차게 내리더니 번개가 번쩍거리기 시작했다. 달팽이는 눈을 감고 나뭇잎 위에서 최대한 몸을 웅크린 채, 비가 그치기를 기다리고 있었다. 그러나 우지끈거리는 소리가 나면서 번개가 번쩍하더니 나무 가까이에서 엄청난 천둥소리가 터져 나왔다. 나뭇잎 위에서 두 눈을 감고 있던 달팽이는 천둥소리에 깜짝 놀라 그만 발을 헛디뎌 나뭇잎 위에서 미끄러지고 말았다. (전)

잠시 후, 비가 그치더니 거짓말처럼 햇빛이 반짝거렸다. 불개미가 땀을 뻘뻘 흘리며 나무를 다 내려가 드디어 풀꽃 위로 기어올랐다. 자벌레도 곧이어 풀꽃 위로 몸을 드러냈다. 거기엔 달팽이가 반가운 얼굴로 둘을 반기며 말했다. "어서들 와! 여기 꿀이 충분히 있으니 우리 셋이 모두 다 먹을 수 있겠어…." 불개미가 겸연쩍은 웃음으로 다가오며 말했다. "이렇게 될 줄 알았으면 같이 오는 건데…." 달팽이가 말했다. "미안해할 것 없어. 달팽이는 비가 오면 하늘을 날 수 있다는 얘기를 해 줄 걸 그랬나?" 자벌레가 말했다. "나는 네가 일등으로 올 줄은 몰랐어. 궁즉통窮卽通! 간절히 원하면 이루어지는 거구나!" (결)

＊인생에도 기승전결이 있다. (난 그런 건 없는 줄 알았다.) 젊은 시절에 뜻을 두고 오랜 기간 노력하면 세상의 기류가 바뀌면서 위의 것이 아래로, 아래 것이 위로 전환되는 때가 도래하게 된다. 이러한 때를 기다리면서 간절한 마음과 진실된 태도로 자신의 길을 나아가는 모습은 꿀을 빠는 그 순간의 모습보다 훨씬 더 아름다운 성공의 모습일 것이다.

＊달팽이의 위대함은 나무 위에서 땅으로 내려와 일 등을 할 수 있었던 데 있는 것이 아니라 처음부터 자신의 환경이 불리했음에도 불구하고 나무 위로 기어 올라가는 노력을 했다는 점이다. 자신의 단점과 약점에 주눅이 들지 않았으며 중도 포기 하지 않고 나무 위로 올라간 달팽이는 그곳에서 '까마귀'라는 새로운 기회를 만날 수 있었다.

## 하루 동안 하나님이 된 사람

한 사나이가 하나님께 단 하루라도 좋으니 하나님이 되게 해 달라고 빌었다. 하나님은 그의 신앙심을 보고 그의 기도를 들어주기로 했다. 단 하루 동안만 하나님의 권세와 능력을 그에게 주기로 약속한 것이다.

드디어 약속한 날이 되어 그가 하나님이 앉던 자리에 앉게 되었다. 그 자리에 앉으니 모든 것이 훤하게 다 들여다보였다. 제일 먼저 그는 자신이 다니는 교회의 목사님 마음을 들여다보기로 했다. 가장 존경하는 분이라 제일 먼저 그의 고결한 마음을 보고 싶었다.

그러나 목사의 마음을 들여다본 순간 그는 깜짝 놀랐다. 겉으로 나타난 거룩한 모습과는 달리 그는 모 여성 신도와 끔찍한 짓을 하는 사이였다. 목사의 마음속에는 하나님의 말씀은 간데없고 그 여성과의 더러운 불륜의 모습만이 꽉 차 있었다. 배신감에 치를 떨던 그는 화가 머리끝까지 나서 목사의 머리에 벼락을 퍼부었다. 갑자기 벼락을 맞은 목사는 그 자리에서 죽고 말았다.

두 번째로 그는 그가 가장 사랑하는 여인의 마음속을 들여다보기로 했다. 그런데 이게 웬일인가? 그녀의 마음속에는 그 말고도 서너 명의 남자가 더 있었고, 자신과 그 남자들을 놓고 저울질을 하는 중이었다. 그리고 그 저울질이란 것도 순전히 남자가 받아오는 돈의 액수와 그들 부모의 재산 정도를 기준으로 한 것이다. 화가 머리끝까지 치민 그는 그녀의 머리에 당장에 벼락을 퍼부었고, 그녀는 졸지에 죽고 말았다.

다시 그는 자기의 제일 친한 친구의 마음을 들여다보기로 했다. 함께 사업하기로 한 그의 친구는 어렸을 때부터 형제 이상으로 둘도 없이 친한 죽마고우였다. 그런데 그의 마음을 들여다보니 자신과 동업을 하고자 하는 이유를 확실하게 알 수 있었다. 그는 지금 남의 빚보증을 잘못 서서 은행으로부터 집을 경매에 넘긴다는 최후 통지를 받고 이를 피하려고 자신의 돈을 은행에 입금한 뒤, 압류를 풀고 몰래 집을 팔아먹고 외국으로 도망칠 계획을 하고 있었던 것이다. 자신은 생돈만 고스란히 뜯기게 된 꼴이었다. 어쩐지 서두른다 싶더니 그런 흉계가 감춰져 있을 줄은 꿈에도 생각하지 못했다. '가장 친한 친구의 돈을 사기 처먹으려 하다니….' 친구에게 속은 것이 분한 그는 친구의 머리에 주저 없이 벼락을 퍼부어 친구를 죽여 버렸다.

    하나님이 곁에서 보니 그가 하는 일이라고는 가만히 앉아서 사람을 죽이는 일뿐이었다. 그대로 계속 두었다가는 인간의 씨가 마를 것 같았다. 하나님이 그에게 다가가서 물었다. "계속 그 자리에 앉아 있고 싶으냐?" 그러자 그는 이렇게 대답했다. "아닙니다. 다시는 이 자리에 앉겠다고 기도하지 않겠습니다." 그는 다시 하나님께 물었다. "하나님, 당신께서는 어떻게 이 자리에 앉아 계실 수 있습니까? 저는 단 십 분 동안에 벌써 세 사람이나 죽였는데요…."

그러자 하나님께서 말씀하셨다. "이 자리는 사랑이 없으면 단 일 초도 앉아 있을 수 없는 자리라네. 자네가 다시 이 자리에 앉고 싶다면 마음속에 사랑을 가득 담고 오게나. 그러면 내가 다시 이 자리를 자네에게 빌려 주겠네."

\*하나님은 히틀러 같은 광폭한 살인자의 앞마당에도 북극성의 아름다운 별빛을 내려보내 주시는 분입니다.

## 린드버그의 비행

　세계 최초로 대서양 단독 무착륙 횡단 비행에 성공한 린드버그는 모험을 좋아해 순회 곡예 비행사가 되었다. 가는 곳마다 곡예비행을 하며 큰 인기를 누리던 그는 아무도 시도한 적이 없는 새로운 모험을 하기로 하였다.

　당시만 해도 비행기가 막 나왔던 때라 린드버그의 곡예비행은 사람들의 이목을 끌 만했지만, 비행기의 미래를 굳게 믿었던 린드버그는 역사에 길이 남을 만한 큰일을 도모하기로 작정하고 차근차근 준비해 나가기 시작했다.

1927년 어느 날, 린드버그는 뉴욕에서 파리까지 대서양 단독 횡단비행에 도전했다. 목숨을 걸어야만 하는 일이었다. 사람들은 그의 도전에 뜨거운 성원을 보냈지만, 한편으로는 무모한 도전이라는 비평도 만만치 않았다.

그도 그럴 것이 당시의 비행기는 엔진과 날개, 그리고 바퀴 등의 가장 기초적인 장치만 있는, 말 그대로 '날틀'에 불과했기 때문이었다. 요즘처럼 고도계나 계기판 같은 것은 아예 고안이 되지 않았던 시절이었다. 아까운 젊은이 하나가 대서양 바닷물 속으로 수장될 수도 있었다. 사랑하는 사람들의 걱정을 뒤로한 채 린드버그를 태운 비행기는 대서양을 향해 힘차게 날아올랐다.

그의 이러한 모험에 힘입어 비행기 산업은 단시일 내에 비약적으로 발전하였고, 그의 이 위대한 업적을 가능하게 해 준 그의 비행기 '세인트루이스의 정신' 호는 세계에서 가장 권위 있는 스미소니언 박물관에 영구 기증되어 보존되고 있다.

미국은 그의 이러한 활약에 자극을 받아 비행기 산업이 미래를 지배할 중요한 산업이 될 것으로 인식하고 항공기술 발전에 박차를 가하였고, 몇 년 뒤에 벌어진 제2차 세계대전을 성공적으로 이끌 수 있었다. 린드버그 자신도 비행 여단장으로 참전하여 많은 전과를 거두었다.

세월이 흐른 뒤 나이를 먹은 린드버그는 스물다섯 살 때 자신이 몰고 대서양을 건넜던 '세인트루이스 정신'호를 다시 한 번 보고 싶다는 생각이 들었다. 박물관 측에 연락하자 흔쾌히 허락을 받았다.

린드버그가 박물관에 오던 날, 비행기 담당자는 그가 비행기에 잘 오를 수 있도록 그를 위해 특별히 긴 사다리를 준비해 놓았다. 비행기가 관람객들이 잘 볼 수 있는 높은 위치에 설치되어 있었기 때문이었다. 사다리를 타고 올라가 젊은 시절 대서양을 함께 건넜던 바로 그 비행기의 좌석에 다시 한 번 앉은 린드버그는 잠시 그때의 감회에 젖어들었다. 한참을 비행기 안에 머물던 그는 다시 사다리를 타고 비행기에서 내려왔다.

담당자가 그에게 물었다. "린드버그 씨, 소감이 어떻습니까?" 그러자 린드버그가 빙그레 웃으며 말했다. "내가 어떻게 저 비행기로 대서양을 횡단할 수 있었는지 도무지 이해할 수 없군요." 그러자 담당자는 놀란 듯이 물었다. "아니, 왜요? 당신이 바로 저 비행기를 몰고 대서양을 건넌 장본인 아닙니까?" 그러자 린드버그가 말했다. "비행기 안에 들어가 보니 고도계며 계기판이 하나도 없습니다. 도저히 불가능한 일이었는데 어떻게 해서 내가 저 비행기를 몰고 대서양을 건넜는지 도무지 설명할 방법이 없군요."

모두에게 불가능한 것을 가능하게 해 준 것은 바로 그의 젊은 패기와 정신력이었다.

*기술의 발전과 문명의 발달이 있기 전에 먼저 인간의 무한한 정신력이 있었습니다.

# 임팔라 사슴과 사자 이야기

아프리카 초원에 국립공원이 조성되었다. 원래 그 자리는 군사훈련장으로 쓰이던 곳이었는데, 병사들이 사격훈련을 하기 위해 총을 쏘거나 대포를 쏘다 보니 지나가던 새나 동물들이 총에 맞아 죽어 동물을 보호하는 차원에서 훈련장을 다른 곳으로 옮기고 그곳을 국립공원으로 지정한 뒤 울타리를 치게 된 것이다.

국립공원이라고 해봤자 뭐 특별한 시설이 있는 것은 아니라 단지 일반인들이 함부로 들어갈 수 없게 철책을 쳐 놓았을 뿐, 동물들을 위한 별도의 시설이 있는 것은 아니었다. 그곳은 동물들이 좋아하는 맛있는 풀이 많아서 초식 동물들이 계절에 따라서 이동하지 않고 한 곳에서 먹이를 얻고 짝짓기를 하기에 좋은 지역이었기 때문에 원래부터 동물들이 많이 살았던 곳이다.

그곳에는 뱀잡이 수리, 관두루미, 번 대머리황새 등의 조류들과 물소, 기린 등이 많이 살고 있었다. 동물의 왕 사자는 언제부터인가 병사들의 총소리에 놀라 모두 흩어져 버려 그 지역에 살고 있지 않았다. 기왕에 조성된 공원이니만큼 되도록 동물들이 편안히 잘살 수 있도록 하는 것이 관리인들의 희망이었다.

그곳에 제일 많은 동물은 임팔라 사슴이었는데, 사슴의 숫자는 매우 중요한 의미가 있다. 왜냐하면, 임팔라 사슴의 숫자가 많아지면 사자들도 다시 공원으로 돌아올 수 있기 때문이었다. 사자들이 가장 좋아하는 먹이가 바로 임팔라였기 때문이다. 물소나 기린은 체구가 크기 때문에 사자들이 쉽게 사냥을 할 수 없고, 또 임팔라는 그 수가 많으므로 사자들에게 좀 잡혀먹힌다고 해도 크게 걱정할 것이 못 되었다.

관리인들은 임팔라의 수를 늘리기 위해서 녀석들이 가장 좋아하는 풀에 비료를 주기도 하고 저수지도 인공적으로 조성하여 사슴의 수가 늘어나기를 기대하였다. 그러나 임팔라의 수는 별로 늘어나지 않았다. 오히려 몇 년이 지나 세어 보니 그 수가 조금 줄어든 것 같았다. 관리인들은 자신들의 기술이 잘못되었거나 정성이 부족하다고 생각하여 임팔라에게 필요한 풀이 더 많은 지역에 퍼질 수 있도록 풀씨를 받아 폭넓게 뿌렸다. 그러나 몇 년이 지나도 그들의 노력은 별 성과가 없었다. 어떤 임팔라들은 특별한 이유도 없이 병들어 죽기까지 했으며 새끼를 낳을 암컷의 수도 조금씩 줄어들고 있었다. 관리인들은 임팔라의 수가 늘지 않고 줄어드는 이유가 무엇인지 매우 궁금하였으나 그 이유를 알 수가 없어 힘이 빠지기도 하였다.

그러던 어느 날, 그 지역 근처에서 농가의 가축을 습격하다가 총에 맞아 부상한 사자 한 마리가 공원으로 실려 오게 되었다. 관리인들은 사자를 정성껏 간호하여 기력을 회복시켰다. 소장은 기력을 회복한 사자를 그들이 관리하는 국립공원에 풀어 놓아 살도록 했다. 사자는 새로운 환경에 살아남기 위하여 그곳에 있는 임팔라들을 사냥하기 시작했다. 관리인들은 가뜩이나 수가 줄어들고 있는 임팔라를 사자가 사냥하기 시작하면서 임팔라가 멸종하지나 않을까 걱정했다. 일부 관리인들은 사자를 다른 곳으로 이주시키자고 주장했으나, 소장은 이곳이 원래 사자가 있었던 곳이니 그대로 놓아두자고 하였다. 기력을 회복한 사자는 왕성하게 임팔라를 잡아먹기 시작했다.

그러던 중, 공원 안에서 다른 사자가 발견되었다. 남쪽에 있는 개울을 통하여 다른 사자가 들어왔던 모양이었다. 사자는 원래 물을 싫어하는 동물이라 그쪽으로 사자가 들어오는 것은 예상하지 못했던 일이었다. 두 마리의 사자는 임팔라를 맹렬히 공격하기 시작했다. 조용했던 공원이 갑작스러운 맹수의 공격으로 시끄러워지기 시작했다. 사냥한 임팔라를 뜯어먹는 사자의 모습이 종종 목격되기도 하였다. 관리인들은 정말로 임팔라가 멸종하지나 않을까 여간 걱정이 되는 게 아니었다. 이윽고 사자의 수는 수십 마리로 불어났다.

이젠 사자의 접근을 막을 도리가 없었다. 공원은 사자와 임팔라의 쫓고 쫓기는 사냥터로 변해 버리고 말았다.

사자가 돌아왔다는 소문을 들은 관광객들이 사자를 보기 위해 공원으로 모여들었다. 공원의 수입이 늘어나 관리인들은 기분이 좋았지만, 한편으로는 임팔라의 멸종에 대비해야만 했다. 임팔라를 다 잡아먹고 나면 결국 사자도 살 수 없는 환경이 될 것이므로 만약의 경우를 대비하여 먹이가 되는 임팔라를 다른 지역에서 잡아다 공급한다는 계획까지 세워 놓았다. 그러나 희한하게도 임팔라의 수는 다시는 줄어들지 않았다. 사자들이 수십 마리로 늘었는데도 불구하고 임팔라의 수가 줄지 않았다는 것은 그만큼 임팔라의 수가 늘었다는 이야기이다.

몇 년이 지나자 임팔라의 수는 서서히 늘기 시작했다. 임팔라들은 사자에게 잡혀먹힐 것을 예상하고 이전보다 더 많은 새끼를 낳았다. 그리고 공원 안에 있는 임팔라들은 예전보다 더욱 활기차 보였다.

*인생에서 어느 정도의 역경은 필요한 것입니다.
부잣집에서 태어나 걱정 없이 자란 사람들의 말로가
별로 좋지 않은 이유를 알아야 할 것입니다.

## 도자기의 비밀

평생을 바쳐 아름다운 도자기를 만들어 왔던 도공에게 한 가지 소원이 있었다. 그것은 바로 수백 년 전 조상들이 만들었던 것과 똑같은 도자기를 만들어 내는 것이었다. 조상들이 만들었던 것과 똑같은 도자기! 빛깔과 질감이 그 당시 조상들이 만들었던 것과 똑같은 그런 도자기를 재현해 내고자 수많은 시도를 해 보았으나 똑같은 도자기는 나오지 않았다. 푸르고 연한 그 빛깔을 볼 때마다 도공은 마음속으로 다짐하였다. 반드시 그 빛깔을 재현하겠노라고⋯.

불가마 온도를 그 당시와 같게 하려고 그는 ㄱ 지역에서 자라는 나무를 몇 년 동안 말려 땔감으로 사용해 보기도 하였다. 그러나 그 빛깔과 질감은 나오지 않았다. 그저 보기 좋은 평범한 도자기들만 계속 생산되었다. 초벌구이의 유약에 어떤 비법이 숨겨져 있지 않나 해서 참나무를 태운 잿물에 스승에게 전수받은 대로 식물의 액체를 발라 구워 보기도 했으나 그 빛깔과 질감은 나오지 않았다.

몇 번을 실패한 그는 이번에는 자신이 빚는 그 진흙에다 그 지방 산속에서 많이 나오는 열매의 진액을 짜 넣고 정성스럽게 흙을 반죽하여 가마에 넣었지만, 결과는 크게 다르지 않았다.

고민에 빠진 그는 도대체 어떻게 해야 그 빛깔을 낼 수 있을 것인지 궁리하다가 자신이 처음 도자기를 배웠던 고향의 가마터를 찾아가 보기로 마음먹었다. 그곳에는 대대로 전해 내려오던 옛 도공들의 가마터의 흔적이 많이 남아 있었는데, 마음에 들지 않아 부수어 버린 도자기들의 파편을 흔하게 볼 수 있는 곳이었다. 어렸을 때 수십 개나 있었던 가마터들은 세월의 흐름과 함께 모두 사라지고 어떤 곳은 아예 흔적조차 찾아볼 수 없을 정도로 집들이 들어선 곳도 있었다.

　도공은 어린 시절 집안이 너무 가난해서 이곳으로 팔려오다시피 하여 도자기 굽는 법을 배웠던 그 시절이 떠올라 한참을 깊은 감회에 빠졌다. 선조들이 도자기를 굽던 가마터 근처에는 수백 년 전 자신의 선배들이 마음에 들지 않는 도자기를 부숴버린 파편들이 흙 속 여기저기에 널려 있었다. 그는 그중 하나를 주워들어 흙을 털어낸 뒤 파편을 바라보며 그들의 비법이 무엇이었을까 깊은 생각에 잠겼다.

　사실 오늘날에는 무슨 청자, 무슨 백자라고 하며 엄청난 값에 팔리는 도자기지만, 그 당시 사람들에게 이런 도자기는 생활 속의 한 도구에 불과한 것들이었다. 술을 따르는 술병이나 차를 마시는 찻잔으로 흔하게 쓰이던 것들이 요즘에는 국보나 보물로 귀하게 여겨지게 된 것이다.

　특별한 비법 같은 것을 생각할 겨를 없이 흔히 구할 수 있는 재료로 부지런히 만들어 내는 도자기들의 빛깔이 바로 오늘날 사람들의 사랑을 받는 빛깔과 질감이었을 것이다. 주위를 아무리 둘러보아도 자신이 가마터를 만들어 놓은 곳과 다를 것이 전혀 없었다. 장작으로 쓰는 나무도 비슷했고, 유약 성분도 크게 다를 것이 없었다.

도자기 파편을 바라보며 한참을 생각에 잠기던 도공은 어느 순간 갑자기 무릎을 탁 쳤다. 달랐다! 이곳과 자신의 가마터가 있는 곳과는 확실하게 다른 것이 하나 있었다. 그것은 너무나 당연하였다. 바로 흙이었다. 이곳과 그곳은 장소가 달랐기 때문에 당연히 흙이 다를 수밖에 없었다. 여기 이곳에 바로 옛 도공들의 가마터가 많이 있었던 이유를 이제야 알 수 있을 것 같았다. 바로 이곳의 흙이 푸르고 은은한 빛깔을 내는 흙이었다. 도공은 가지고 간 가방을 비우고 빈 가방에 흙을 퍼 담기 시작했다.

흙을 가지고 자신의 가마터로 급히 돌아온 도공은 정성을 다하여 도자기를 빚기 시작했다. 그늘에서 며칠 동안 말린 도자기에 유약을 바르고 얼마 뒤에 모두 불가마에 넣었다. 입구를 진흙으로 봉하고 난 뒤 정성스럽게 기도를 마친 도공은 장작에 불을 지피기 시작했다. 불길은 이틀 동안 가마를 새빨갛게 달구었다. 불이 꺼진 후, 열기가 식은 가마에 들어가서 도자기를 꺼낸 도공은 조상들에게 다시 한 번 감사의 기도를 올렸다.

 도자기들은 모두 그 당시 조상들이 구워냈던 것과 같은 은은하고 푸른빛을 간직하고 있었다. 그가 그토록 바랐던 빛깔이었다.

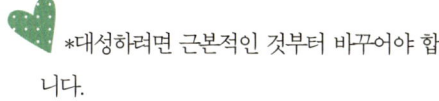 *대성하려면 근본적인 것부터 바꾸어야 합니다.

# 권법의 비결

스승님은 권법의 달인이셨다. 찌르기, 발차기, 회전 낙법 등, 스승님의 모든 동작은 완벽했다. 특히 스승님의 공중회전 기술은 아무도 따라올 자가 없는 환상적인 기술이었다. 스승님의 묘기를 볼 때마다 제자들은 벌린 입을 다물지 못했다. 도장은 스승님의 명성을 듣고 찾아온 관원들로 들끓었으며, 제자의 수도 하루가 다르게 늘어갔다.

스승님은 매일 아침 일찍 일어나자마자 제단 앞에 물을 떠 놓고 혼자 조용히 기도를 올린 다음, 항상 가지고 다니는 권법이 적혀 있는 책을 펼쳐 놓고 한 동작 한 동작 정성을 다하여 연습하시곤 했다. 스승님의 연습이 끝나면 스승님과 함께 먹고 자며 생활하는 수제자 열두 명의 아침 연습이 시작되었다.

스승님은 정성을 다하여 가르치셨고, 아무리 수련을 많이 쌓은 제자라 할지라도 처음 입단한 초보자에게 가르치는 것처럼 일일이 모든 동작과 자세를 교정해 주셨다. 그런 스승님의 가르침으로 제자들의 기량은 나날이 향상되었다. 그러나 아무리 연습을 해도 스승님을 따라잡을 수는 없었다.

제자들은 스승님의 탁월한 기술이 어디에서 나오는 것일까 궁금해하며 모일 때마다 항상 이야기하곤 했다. 자신들과 똑같이 먹고 자고 수련을 하건만 스승님의 기술은 항상 그들보다 앞서 있었고, 모든 동작은 아름답고 절도가 있었다. 한 제자가 말했다. "아마 스승님이 매일 보시는 책에서 나오는 것이 아닐까?" 모두 고개를 끄덕였다. "그래, 맞아. 그 책에 비법이 적혀 있을 거야." 스승님께서는 제자들이 그 책을 보여 달라고 하면 항상 "너희는 아직 때가 되지 않았다."라며 책을 덮으시곤 했기 때문이다. 함께 모인 제자들은 한 가지 결론을 내렸다. 즉, 스승님이 없을 때 그 책을 몰래 훔쳐보기로 한 것이다.

얼마 후, 스승님은 권법 교육의 초대를 받아 먼 지방으로 출타하게 되었다. 며칠 동안 그 도장의 운영 책임을 수제자들이 맡게 되었다. 수제자들은 스승님을 배웅하고 함께 모여 스승님의 권법 책을 펼쳐 보기로 했다. 책은 매우 낡아 아주 오래된 것 같았다. 스승님도 그 책을 자신을 가르쳐 주신 스승님으로부터 물려받았다고 한다. 스승님의 비법을 볼 수 있게 된 열두 명의 제자들의 가슴은 떨렸다.

책의 첫 장을 펼치자 권법의 동작을 붓으로 그린 그림이 나왔다. 그리고 그 밑에는 무슨 글씨가 적혀 있었다. '권법은 마음으로부터 나온다'는 글씨와 함께 그려진 그림은 권법에서 가장 먼저 배우는 첫 번째 동작이었다. 스승님이 권법을 가르치시기 전에 항상 자신들에게 하시던 말씀이었다.

다음 장을 펼치자 앞장과 비슷한 그림과 글이 있었다. 권법의 두 번째 동작과 함께 '권법은 마음을 깨끗이 하고 올바른 생각을 하기 위하여 배운다'는 글씨가 씌어 있었다. 스승님께 백 번도 더 들은 말이었다. 다음 장에서도 역시 자신들이 스승님으로부터 수백 번도 더 들은 말과 동작이 그려져 있었다. 마지막 장을 덮을 때까지 그 책은 온통 자신들이 아침마다 스승님께 듣고 배우고 따라 하던 동작과 말뿐이었다.

마지막 장을 덮자 열두 제자는 서로의 얼굴을 쳐다보며 의미 있는 미소를 지었다. 스승님이 가지고 계셨던 권법 책은 무슨 특별한 비법이나 기술이 기록된 책이 아니었다. 모두 제자들이 알고 있는 권법의 기초와 권법을 공부하는 마음가짐을 기록한 책이었다. 제자들은 비로소 '권법은 마음으로부터 나온다'는 스승님의 참뜻을 깨달을 수 있게 되었다.

♥ *이 세상에 한방에 고수가 되는 비결은 없습니다. 기초를 튼튼히 하는 것이 비결이라면 비결입니다.

# 천사의 아이디어

백의의 천사라고 하면 흔히 전쟁터에서 자기 몸을 돌보지 않고 희생적으로 부상당한 병사들의 목숨을 구해주는 간호사를 지칭한다. 그러나 전쟁터가 아니더라도 따뜻한 마음과 희생적인 봉사 정신만 있다면 얼마든지 나이팅게일이 될 수 있다.

헝가리의 한 병원에 근무하는 한 간호사가 어느 날 자기 동네 쓰레기통에 버려진 갓난아이를 주민들이 발견해서 경찰이 나와 조사를 벌이는 광경을 목격하게 되었다. 아이는 버려진 지가 너무 오래되어 이미 죽어 있었다.

아픈 사람을 위한 간호와 봉사에 일생을 바치기로 했던 그 간호사는 죽은 아이의 영혼이 너무나 불쌍했다. 태어나자마자 어머니에 의해 쓰레기통으로 버려진 그 작은 아기, 힘없이 울부짖다 죽어간 그 어린 영혼이 너무도 가련했다. 비록 미혼모나 형편이 어려운 엄마에 의해 이 세상에 태어났을지라도 그렇게 허무하게 한 생명이 버려진다는 것은 생명을 주신 이에 대하여 죄를 짓는 것으로 생각했다.

간호사는 며칠 동안 그 아이의 불쌍한 영혼이 마음속에서 자꾸 떠올라 잠을 이룰 수 없었다. 만약 아이가 태어나자마자 자신에게 넘겨질 수만 있었다면 그 아이의 생명은 살릴 수 있었을 것이다. 아기의 어머니가 비록 아기를 기를 수 없는 절박한 상황이었을지라도, 그 아기가 자신에게 넘겨지기만 했다면 자신은 뜻이 맞는 동료들과 함께 힘을 합쳐 얼마든지 그 아기를 잘 길러 낼 수 있었을 것이고, 또 필요하다면 그 아기를 자신이 낳은 아기보다 더 예쁘게 잘 길러 줄 양부모를 찾아줄 수 있었을 것이다.

며칠을 고민하던 간호사는 한 가지 아이디어를 생각해 냈다. 그것은 바로 인큐베이터였다. 자신이 근무하는 병원 문 앞에 소아청소년과에 있는 인큐베이터를 가져다 놓기로 한 것이다. 그녀는 인큐베이터를 병원 문 앞에 놓고 그 위에 이렇게 써 놓았다. "누구든지 이 인큐베이터가 필요한 사람은 마음대로 사용하십시오."

병원 문 앞에 인큐베이터가 설치된 것을 본 사람들은 별 이상한 일을 다 한다며 웅성거렸지만, 그 소문은 사람들 사이로 넓게 퍼져 나갔다. 그리고 절박한 상황에서 아기를 낳은 나이 어린 엄마들은 이 인큐베이터 이야기를 그냥 흘려들을 수가 없었다. 설마 아기가 들어올까 반문하던 병원 동료들도 아기가 하나, 둘 들어오기 시작하자 이 간호사의 행동이 쓸데없는 일이라는 생각을 버리게 되었다.

이 병원의 행동을 눈여겨본 이웃 병원에서도 이 병원이 했던 것처럼 자신들의 병원 문 앞에 인큐베이터를 설치해 놓게 되었다. 그러나 무엇보다도 귀중한 것은 새로 태어나는 생명에 대한 소중함을 많은 사람에게 일깨워 주었다는 것이다.

♥ *한 사람의 아름다운 행동이 많은 사람의 생각을 바꾸어 놓는 씨앗이 됩니다.

## 청춘의 샘

옛날 어떤 나라에 왕이 있었다. 그 왕은 매우 현명한 사람이어서 정치를 매우 잘했으며, 왕비 또한 인품이 높은 여인이라 가난한 백성들을 잘 돌보며 왕의 일을 도왔다.

하루는 왕이 혼자서 궁전을 산책하고 있었다. 그런데 정원 한구석에 전에 보지 못했던 샘이 하나 있는 것이 아닌가? "아, 여기에 샘이 있었구먼. 그런데 그동안 왜 몰랐을까?" 왕은 손으로 물을 떠서 샘물을 마셔 보았다. 물맛이 달콤하고 시원했다. 몸이 젊어지는 것 같은 느낌이 들었다. 샘 곁을 보니 이끼가 낀 돌 위에 무슨 글자가 적혀 있었다. 왕은 이끼를 걷어내고 거기 적혀 있는 글자를 읽어 보았다. 거기에는 이렇게 적혀 있었다. "누구든지 이 샘물을 마시는 자는 늙지 않을 것이다."

왕은 신기해하며 다시 한 번 물을 떠서 맛을 보았다. 정말로 이 세상 그 어떤 물맛보다 시원했다. 확실히 몸과 마음이 젊어지는 기분이었다. "이 샘이 혹시 옛날부터 전설로 내려오던 그 청춘의 샘인가?" 왕은 의아해하며 궁전에 있는 도서관으로 발길을 옮겼다.

도서관에 도착한 왕은 서가에 꽂힌 책 중에서 수백 년간 아무도 읽지 않은 것 같은 책 한 권을 꺼냈다. 그 책은 왕실의 전통과 궁전의 역사가 기록된 책이었다. 왕은 그 책의 구석구석을 찾아 전설로 내려오는 청춘의 샘에 대한 기록이 있는지 찾아보았다. 궁전의 설계도 부분에 이르자 청춘의 샘 위치가 나왔고 다음과 같은 기록을 확인할 수 있었다.

'누구든지 청춘의 샘을 떠서 마시는 자는 절대 늙지 않는다' 는 기록과 함께 물의 분량은 단 한 사람이 일주일 마실 정도밖에 나오지 않는다는 기록도 함께 적혀 있었다.

왕은 뛸 듯이 기뻤다. 왕실의 전설로만 남아 있던 이야기가 진실로 밝혀지는 순간이었다. 왕은 그 사실을 아무에게도 알리지 않고 자신만의 비밀로 간직하였다. 그리고 그 샘으로 돌아가서 종전대로 눈에 잘 띄지 않도록 꾸며 놓았다.

세월이 흘러 왕도 나이를 많이 먹었으나 왕의 기운은 젊은이 못지않게 철철 넘쳤다. 청춘의 샘물을 마신 이래로 늙는다는 생각은 왕의 머릿속에서 완전히 사라졌다. 친구들이나 대신들과 경제 문제 등의 골치 아픈 국사를 의논할 때도 왕은 가장 정력적이었고, 대신들은 회의가 길어지면 왕의 눈치를 보며 그만 끝낼 것을 종용하였다. "폐하, 폐하께서 왕실의 전설인 청춘의 샘물을 마신 것처럼 힘이 넘치시옵니다. 무슨 비결이라도 있으십니까?" 그럴 때마다 왕은 이렇게 이야기했다. "허허, 비결은 무슨. 열심히 일하는 것이 비결이지요." 왕은 자신이 일주일에 한 번씩 청춘의 샘에서 물을 떠 마신다는 사실을 아무에게도 이야기하지 않았다.

세월이 흘러 왕의 나이가 백 세 가까이 되었지만, 왕의 정력은 이전과 큰 차이가 없었다. 그동안 왕의 친구들과 왕이 신임하던 대신들이 하나, 둘 죽어갔다. 왕은 그 친구들을 잃을 때마다 마음이 아팠지만, 자신은 청춘의 샘물을 마시는 덕분에 절대 늙지 않는다는 비밀을 아무에게도 이야기하지 않았다.

왕을 남겨둔 채 친구와 대신들이 모두 죽어 왕은 심심했지만, 그의 곁에는 항상 늙은 왕비가 말벗이 되어주고 친구가 되어 주었기 때문에 왕은 외롭지 않았다. 지난 칠십 년간 헌신적으로 자신을 보필해 준 왕비에 대한 고마움은 이루 말로 표현할 수 없었다.

그러던 어느 날, 왕비가 자리에 눕게 되었다. 왕에게는 청천 병력과 같은 일이었다. 왕비는 왕을 바라보며 말했다. "폐하, 저도 이젠 갈 때가 된 것 같습니다. 혼자 두고 가게 되어 죄송합니다." 왕비는 이 말을 끝으로 조용히 눈을 감았다. 부인을 잃은 왕은 미칠 것 같았다. 그가 할 수 있는 한 최고로 성대하게 장례식을 치러 주었다. 그러나 왕비를 잃은 왕의 슬픔은 그칠 줄을 몰랐다. 갑자기 이 세상에 혼자 내동댕이쳐진 기분이었다. 왕은 슬픔에 젖어 어쩔 줄을 모르다 그만 자리에 눕고 말았다.

왕비를 잃은 왕이 너무나 애통해하다가 자리에 눕게 되자 신하들은 모두 왕의 처소로 달려왔다. 슬픔에 젖은 왕은 눈물만 흘릴 뿐 아무 말도 하지 않았다. 그 씩씩했던 모습은 이제는 찾아볼 수가 없었다. 홀로 남은 왕의 머릿속에는 자신이 너무 오래 살았다는 생각뿐이었다.

왕은 그날 밤을 넘기지 못하고 죽고 말았다. 다음 날, 죽은 왕의 얼굴을 본 신하들은 깜짝 놀랐다. 거기에는 며칠 전에 자신들이 보았던 젊고 정력적인 왕은 온데간데없이 사라지고 백 살이 넘은 늙고 초췌한 얼굴의 노인만이 있었을 뿐이었다.

\* '젊음'이란 것은 생각에 따라 좌우됩니다. 왕이 오래 살 수 있었던 비결은 청춘의 샘물을 마셨기 때문이 아니라 머릿속에서 '늙는다'는 생각을 지워버렸기 때문입니다.

# 나폴리 피자

옛날 나폴리는 독립 국가였다. 나폴리 왕에게는 아름다운 부인이 있었다. 왕과 왕비는 금슬이 매우 좋아 국민들은 왕과 왕비의 부부애를 자랑스럽게 생각하였다. 그러나 왕과 왕비 사이에는 자식이 없었다. 왕과 국민들은 왕비가 보위를 이어 줄 훌륭한 아들을 낳아 주기를 기대했으나 왕비에게 태기가 있다는 소식은 들려오지 않았다.

그런 사실을 잘 알고 있는 당사자인 왕비의 걱정은 왕보다 더 심했다. 그러나 아무리 기다려도 아기는 생기지 않았다. 생각다 못한 왕비는 의사에게 진찰을 받아 보았으나 모두 정상이라는 말밖에 들을 수 없었다. "왕비 마마, 마마의 몸에는 전혀 이상이 없사오니 걱정을 모두 버리시고 마음을 푹 놓으십시오." 그럴수록 왕비의 걱정은 더해 갔고 드디어 모든 것을 포기하기에 이르렀다.

 십 년째 되던 어느 날, 왕비의 몸에 태기가 있게 되었다. 너무나 기다렸던 아기였기에 왕비는 정성을 다하여 자신의 배 속에 있는 아기를 돌보았다. 왕비가 아기를 가졌다는 소식은 전 국민에게 알려졌고 국민들은 아기가 무사히 태어나기만을 기도했다. 드디어 열 달을 다 채우고 아기가 태어났다. 아기는 건강한 남아였다. 온 국민은 기쁨에 들떠 종을 울렸고, 왕비는 아기가 남아라는 사실을 알고 기쁨의 눈물을 흘렸다. 나라를 이어갈 나폴리의 왕자가 드디어 태어난 것이었다. 국민들은 왕자를 낳아 준 왕비에게 감사의 마음을 전했다.

 왕자를 출산하고 난 왕비는 정성을 다해 아기를 길렀으나 이상하게도 젖이 나오지 않았다. 왕비는 왕자를 출산하고 나서 입맛이 돌지 않아 음식을 제대로 먹지 못했다. 왕비는 할 수 없이 유모를 구해 왕자에게 젖을 먹였다. 그동안의 걱정과 아기를 가졌을 때 잘못 되면 어떡하나 하는 불안감 때문에 왕비는 아기가 태어난 후에도 제대로 먹을 수가 없었다.

입맛이 돌지 않는 왕비의 몸은 날로 수척해 갔다. 생각다 못한 왕비의 시종은 왕비를 모시고 바깥바람을 쐬기로 했다. 왕비는 궁전을 나와 나폴리 바닷가로 나갔다. 바닷바람을 쏘인 왕비의 마음은 한결 가벼워지는 것 같았다. 왕비는 바닷가 근처에 있는 식당으로 들어가 잠시 쉬기로 했다.

왕비 일행이 자기 식당에 온 것을 안 식당 주인은 황급히 뛰어 나와 왕비에게 예를 올렸다. "저희 식당을 찾아 주셔서 무어라 감사의 말씀을 드려야 할지 모르겠습니다." 왕비는 마음씨 좋아 보이는 식당 주인에게 말했다. "바다가 보이는 식당이라 참 전망이 좋군요." 그렇게 말하는 왕비의 얼굴은 수척해 보였다. 왕비가 아기를 낳고 나서 음식을 제대로 먹지 못한다는 소문을 들은 식당 주인은 왕비가 안쓰러웠다. 주인은 주방으로 들어가 솜씨를 다해 정성껏 피자를 구워냈다. 그리고 자신의 부인도 아기를 낳고 나서 입맛이 돌지 않아 고생했던 그때의 기억을 되살려 갓 구워낸 피자 위에 싱싱한 토마토와 피망을 얇게 썰어서 올려놓았다. 주인은 정성 들여 만든 피자를 왕비에게 가져갔다. 왕비는 식당 주인이 가져온 피자를 보자 불현듯 예전 처녀 시절 즐겨 먹던 피자 생각이 났다. 피자 위에 올려진 빨간 토마토와 녹색 피망의 산뜻한 색깔은 잃어버린 그녀의 식욕을 자극했다. 왕비는 피자를 맛있게 먹었다. 오랜만에 맛있게 음식을 먹은 왕비는 식욕이 다시 돌아와 입맛을 되찾고 건강을 회복할 수 있었다.

그 이후에도 왕비는 나폴리 바닷가의 그 피자집으로 자주 나들이를 하여 피자를 먹곤 하였으며, 먹을 때마다 처음 그 식당에 왔었던 그때를 생각하였다. 여왕의 피자 위에는 항상 빨간색의 토마토와 녹색의 피망이 얹어져 있었다. 그리고 밀가루 반죽의 백색, 토마토의 적색, 피망의 녹색 이 세 가지 색깔은 후에 이탈리아의 삼색 국기의 색깔이 되었다고 한다.

♥ *사랑과 정성이 깃든 음식은 마음의 병도 고치는 최고의 보약입니다.

## 자살조차 실패한 사나이

사업에 실패한 사나이가 죽기로 하고 극약과 소주를 사 들고 남산에 올라 죽기로 하였다. 남산 타워에 올라가서 시내 한복판을 향해 "야, 이놈들아! 잘 먹고, 잘 살아라! 나는 간다!"라고 고함을 친 뒤에 소주와 극약을 먹고 죽기로 작정한 것이다.

서울역에서 내려 남산이 바라다보이는 곳을 향해 무작정 걸었다. 무더운 날씨 탓에 등 뒤로 땀이 줄줄 흘렀다. 탑이 올려다보이는 남산은 무슨 까닭인지 일찍 도착할 수가 없었다. 지나가는 사람에게 길을 물었더니 저쪽으로 돌아가라고 가르쳐 주었다. 그 사람이 말한 대로 그리로 가다 보니 퇴계로로 빠져나오게 되어 오히려 더 멀어지고 말았다.

그는 짜증이 나고 신경질이 나서 들고 있던 소주를 따 병째 마시면서 다시 남산 타워를 향해 오르기 시작했다. 그러나 한나절이 지나도 탑 주위만 뱅뱅 돌뿐 남산 타워는 나오지 않았다. 그동안 날도 이미 저물고 말았다. 들고 있던 소주 두 병을 거의 비운 그는 다리가 풀리고 숨이 헐떡거려 도저히 남산 타워에 오를 수가 없어 결국 포기를 하고 말았다.

피로에 지친 그는 그 자리에 쓰러져 코를 드르렁거리며 깊은 잠에 빠져들었다. 다음 날 아침이 되자 그는 전날 먹은 술 때문에 머리가 아파 약국으로 달려가 약을 먹고 집으로 돌아가 다시 잠에 빠져들었다.

이틀을 늘어지게 자고 나니 몸이 개운해졌다. 일어나 생각해 보니 자살조차 맘대로 안 되는 지독하게 운이 없는 인간이라는 생각이 들었다. 그러나 한편으로는 자신이 자살에 실패한 원인은 아직 죽을 때가 되지 않았기 때문이라는 생각이 들기도 했다.

사실 따지고 보면 자신이 죽어야 할 이유는 돈 문제밖에 없었다. 갚아야 할 사람들에게 돈을 갚지 못한 것이 너무나 미안한 나머지 자기 죽음으로 속죄를 하려 했던 것이 이유라면 이유였다. 그러나 그것은 속죄가 아니라 오히려 배신이라는 것을 깨닫게 되었다.

그는 깊은 반성을 하고 채권자들을 일일이 찾아다니며 자신의 사정을 이야기하고 빚을 꼭 갚겠다고 설득했다. 채권자들로서는 그를 감옥에 집어넣는다고 해서 자신들의 돈을 받을 수 있는 것이 아니었다. 최악에는 채권자들이 그를 감옥에 넣는다면 그는 거기서 공짜로 먹고 자며 몇 년간 쉬다가 나와서 새 출발 하는 것도 나쁘지 않을 것으로 생각하니 용기가 솟기 시작했다.

그는 오히려 일부 채권자들에게 도움을 받아 조금씩 사업을 키워 나가기 시작했다. 그리고 얼마 뒤, 그는 이전보다 더 크게 성공할 수 있었다. 그는 가끔 친구들에게 그때 만약 남산을 제대로 올라가 자살에 성공했더라면 어떻게 되었을까 회상하면서 지금도 항상 그때의 마음으로 사업에 최선을 다하고 있다고 이야기하곤 한다.

♥ *자살은 해결책이 아니라 자기 삶에 대한 배신입니다.

# 전장에서 온 편지

국경 지방에 적군이 침입하자 젊은이들에게 징집영장이 떨어졌다. 시골에서 홀어머니를 모시고 농사를 짓는 젊은 농부에게도 영장이 떨어져 군대에 가게 되었다. 그러나 몸이 아픈 어머니를 혼자 놓아두고 전장으로 떠나온 농부의 마음은 편치가 않았다. 그 넓은 밀밭을 몸이 아픈 어머니가 혼자서 갈 수는 없는 노릇이었다. 자신이 없는 밀밭은 보나 마나 잡초만 무성할 것이 뻔했다.

생각다 못한 병사는 어머니에게 편지를 썼다. "어머니, 그동안 안녕하셨습니까? 저는 여기 전장에서 잘 지내고 있습니다." 아들의 편지는 어머니를 걱정하는 내용과 자신은 잘 있으니 걱정하지 말라는 내용으로 가득 차 있었다. 그런데 편지의 끝에 다음과 같은 글이 쓰여 있었다. "추신, 아 참, 제가 어머니께 한 가지 중요한 얘기를 미처 전해 드리지 못하고 여기에 온 것 같군요. 다름이 아니라 우리 밀밭에는 국가적으로 대단히 중요한 보물이 묻혀 있으니 제가 돌아갈 때까지는 절대 아무도 손을 대게 해서는 안 됩니다. 그리고 이 사실은 절대 비밀로 해 주시기 바랍니다. 아들 올림."

이 편지를 검열한 군대는 이 사실을 국가에 알렸고, 그 뒤로 각종 기계와 병력을 동원하여 그 밀밭을 온통 갈아엎고, 샅샅이 뒤져보았지만 결국 아무것도 찾지 못한 채 돌아갔다. 어머니는 어리둥절해서 이 사실을 아들에게 편지로 알렸다.

아들은 어머니에게 간단한 답장을 보냈다. "어머니, 이제 씨를 뿌리세요." 편지를 받은 어머니는 아들의 말대로 밭에다 씨를 뿌렸다. 씨를 뿌리는 일은 어머니 혼자서도 쉽게 할 수 있는 일이었다. 그 해, 잘 갈아진 밀밭에서는 밀이 무럭무럭 자랐다.

*재치와 지혜만 있다면 어떠한 위기라도 기회로 삼을 수 있습니다.

## 개구리의 비상

하늘을 날고 싶은 올챙이가 있었다. 물속에서 바라본 하늘은 너무나 아름다웠다. 올챙이는 그런 아름다운 하늘을 마음대로 날아다니는 나비와 벌들이 너무나 부러웠다.

그런 꿈을 꾸던 올챙이는 있는 힘을 다하여 물 위로 뛰어올랐다. 파란 하늘이 보였다. 그러나 그 아름다운 순간은 너무나 짧아 아쉬움만 더해 주었다. 짧은 순간이긴 했지만 그래도 그가 순간적으로나마 볼 수 있었던 하늘의 모습은 너무나 신비로웠다.

올챙이는 나이가 들어 개구리가 되었다. 개구리가 되니 육지에서 생활할 수 있어서 좋았다. 무엇보다도 그가 꿈에도 그리던 파란 하늘과 조금이나마 더 가까워질 수 있게 되었다는 것이 좋았다. 개구리가 되어서도 하늘을 날고 싶다는 그의 꿈은 변하지 않았다.

개구리는 매일매일 하늘을 나는 연습을 했다. 두 다리에 잔뜩 힘을 주고 펄쩍펄쩍 뛰어올라 보았다. 아주 짧은 순간이나마 하늘을 나는 느낌을 맛볼 수 있었다. 개구리는 더욱더 열심히 연습하여 상당히 높은 곳까지 뛰어오를 수 있게 되었다. 자꾸 연습하다 보면 언젠가는 하늘을 날 수 있을 거라고 굳게 믿었다.

그러던 어느 날, 개구리는 이제야말로 하늘을 날 수 있지 않을까 하는 신념을 지키고 지금까지 연습한 모든 실력을 다하여 하늘로 힘껏 날아올랐다. 그 순간, 그의 몸은 하늘로 붕 떠올랐다. 평소 때보다 훨씬 높은 곳까지 떠오르는 느낌이 들었다. 숲과 연못이 한눈에 들어왔다. 시원한 바람도 느낄 수 있었다. 정말로 하늘을 날고 있었다. 개구리는 매우 좋아 큰 소리로 떠들었다.

"개굴개굴, 드디어 해냈다!"

그러자 개구리를 낚아채 가던 독수리는 개구리가 발버둥 치며 달아나려는 줄 알고 개구리를 잡고 있던 발톱에 더욱 힘을 주어 개구리를 힘껏 움켜잡았다. 개구리는 그제야 자신이 독수리에게 잡힌 것을 알고 후회했지만 이미 모든 것은 돌이킬 수 없었다.

\*어린아이가 실현될 수 없는 일에 대하여 상상의 나래를 펴며 꿈을 갖는 것은 아름다운 일에 속합니다. 그러나 어른이 되어서까지 어린 시절의 유치한 생각과 습성을 계속 가지고 있다면 그것은 어리석은 일입니다.

　세상에 태어난 모든 사람은 '깨달음'을 통하여 지혜로운 어른으로 성장하여야 할 책임이 있기 때문입니다.

# 매미 스승님

42세의 신인 가수 H 씨는 아직 다듬어지지 않은 노래 솜씨지만 노래를 부르는 자세만큼은 어느 젊은 인기 가수 못지않게 진지하다. 나이도 많고 어느 레코드 회사에서도 음반을 내자는 얘기는 없지만, 그는 오늘도 열심히 노래를 부른다. 십팔 년 전 어느 방송국의 가요제에 트리오로 참가했다가 금상까지 받은 경력이 있지만, 그는 노래를 계속할 형편이 되지 못했었다. 가정 형편도 어려웠거니와 그때 마침 사랑하는 여동생이 갑자기 세상을 떠나게 되어 삶에 대한 희망을 잃고 방황하게 되어 노래와는 자연 멀어지는 생활을 하게 되었다.

그러나 노래를 부르고 싶다는 그의 마음속 열망은 나이가 들어갈수록 점점 더 커지기 시작했다. 시골에서 농사를 지으며 노래에 대한 열정을 키워가던 중, 그는 우연히 여름에 매미가 우는 모습을 보게 되었다. 매미는 나무에 앉아서 있는 힘을 다하여 노래를 부르고 있었다. 매미의 조그만 몸체에서 나오는 소리는 그렇게 우렁차고 자신에 넘쳐 있을 수 없었다. 어떻게 그런 작은 몸체에서 그렇게 큰 소리가 나올 수 있단 말인가?

호기심이 난 H 씨는 가까이 다가가서 매미가 우는 모습을 자세히 살펴보았다. 매미는 날아가지도 않고 그에게 "노래란 이렇게 부르는 거야!"라고 말하는 것 같았다. 다리를 나무에 단단히 붙이고 열심히 노래를 부르는 매미의 모습은 너무나 진지해 보였다.

꼬리를 파르르 떨며 있는 힘을 다하여 소리를 내는 매미의 날개는 꼬리와 함께 떨고 있었고 날개에 붙은 솜털에서는 여음의 진동을 느낄 수 있었다. 매미의 노래 부르는 모습을 지켜보던 그는 마음속으로 크게 느껴지는 것이 있었다. 그 순간 그는 그 자리에 무릎을 꿇었다.

"스승님!"

매미는 있는 힘을 다하여 자신이 낼 수 있는 모든 소리를 내고 있었다. 그런 매미의 노래 부르는 모습은 자신에게 노래를 어떻게 불러야 할지를 가르쳐 주고 있는 것 같았다. 그런 매미의 모습이 그는 너무나 고마웠다.

그는 그 후로 노래를 부를 때마다 작은 몸으로 최선을 다하여 열심히 노래를 부르는 스승님의 모습을 생각하면서 자신도 스승님처럼 열심히 노래를 부르기로 하였다.

*언젠가는 대성을 할 수 있으리라 기대하면서 무슨 일이든지 최선을 다하는 모습은 가장 아름다운 것입니다.

## 아무것도 결정하지 못하는 사람

　무엇이든지 결정을 미루는 공무원이 있었다. 문제가 발생할 때마다 그는 찬성과 반대 측의 의견을 열심히 경청하였다. 사람들은 그의 이러한 태도를 매우 신중한 처사라고 평가했다. 그 어느 쪽에도 치우치지 않고 공평하려고 애쓰는 그의 태도는 여론을 충분히 수렴하여 정책에 반영하려는 마음에서 나온 것이라고 사람들은 생각했다.

　그러나 그럴수록 찬성하는 측과 반대하는 측의 의견은 더욱 날카롭게 대립하여 갔다. 찬성 측에도 찬성의 타당한 이유와 함께 문제점이 있었고, 반대 측에도 그럴듯한 명분과 모순이 있었다. 어느 쪽으로 결정을 내려도 다 문제점이 노출될 것이 뻔했고, 신문에서는 항상 문제점만을 물고 늘어져 기사를 작성하게 되는 것이었다.

결국, 아무런 결정도 내리지 않고 시간을 길게 끌다 보면 어느 한쪽이 제풀에 지쳐서 포기하였고 그렇게 되면 저절로 결론이 나는 식으로 일이 마무리되었다.

큰 실수 없이 인생을 마무리한 그는 죽어서 염라대왕 앞으로 나와 심판을 받게 되었다. 염라대왕은 그를 보자 고민에 빠졌다. 평생 이렇다 할 잘못도 없었고. 그렇다고 뚜렷한 선행도 없는 그에게 어떤 판결을 내려야 할지 갈피를 잡지 못했다. 판결은 다음 사람 뒤로 미루어졌다.

그러나 다시 그의 차례가 오자 다시 한 번 똑같은 고민에 빠지게 되었다. 판결은 또다시 다음 사람 뒤로 미루어졌다. 이렇게 하여 천 년이 지나도록 기다렸지만, 그 어떤 판결도 날 것 같은 조짐은 보이지 않았다.

그는 제풀에 지쳐 지옥 불로 뛰어들었다.

 *잘 선택했다, 이놈아! 너 때문에 얼마나 많은 사람이 고생했는지 아니? (지옥 불에 뛰어든 후 염라대왕님이 하신 말씀)

## 세 가지 비결

나이 많은 학자가 은퇴를 기념하여 연설하게 되었다. 그의 전 인생을 통하여 얻은 지혜를 모두 내놓는 자리라 사람들의 기대가 매우 컸다. 그가 강단에 오르자 사람들은 그의 평생의 업적에 대한 감사의 표시로 모두 자리에서 일어나 존경의 박수를 보냈다. 사회자는 그 학자가 자신의 오늘을 있게 했던 세 가지 비결을 청중들에게 공개하라고 이야기했다. 노학자는 귀를 쫑긋 세우고 있는 청중들을 향하여 말했다.

"저의 오늘날이 있기까지 저를 지탱해 준 세 가지를 여러분께 말씀드리겠습니다." 몇몇 사람들은 펜을 꺼내 필기를 할 준비를 하고 있었다.

"첫째는 사랑입니다. 저는 오늘날까지 인간을 사랑하는 마음으로 열심히 일해 왔습니다." 모두 고개를 끄덕였다.

"둘째는 자신감입니다. 어떠한 환경에 처하더라도 저는 자신감을 잃지 않고 용기 있게 살아왔습니다. 저를 지탱해 준 것은 바로 이 자신감이었습니다." 노학자는 마지막으로 입을 열었다.

"셋째는 바로 비타민이었습니다. 저는 제 건강을 위하여 아침저녁으로 매일 비타민을 복용하며 오늘날까지 건강을 잘 지켜 왔습니다." 사람들은 노학자의 말에 크게 감동하였다.

그날 저녁 노학자가 강의했던 동네 약국의 비타민은 순식간에 동나고 말았다. 그러나 노학자가 말했던 사랑과 자신감에 대하여 기억하고 있는 사람은 아무도 없었다.

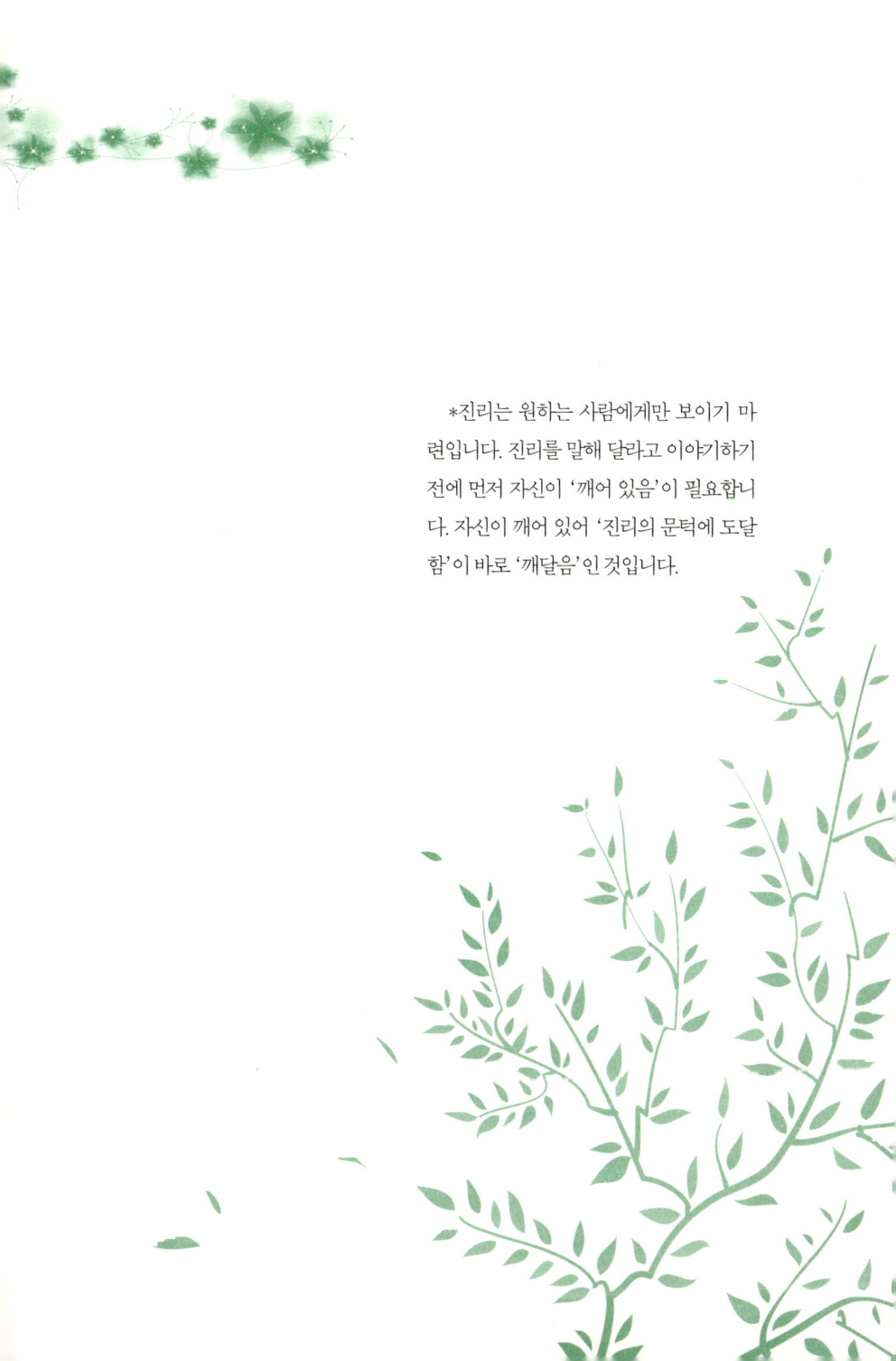

*진리는 원하는 사람에게만 보이기 마련입니다. 진리를 말해 달라고 이야기하기 전에 먼저 자신이 '깨어 있음'이 필요합니다. 자신이 깨어 있어 '진리의 문턱에 도달함'이 바로 '깨달음'인 것입니다.

## 악마의 목소리

사람들은 흔히 목소리가 아주 좋은 가수를 보고 '천사의 목소리'라고 부른다. 또한, 인간의 영혼을 빼앗아 간다는 뜻으로 '악마의 목소리'라고 부르기도 한다. '악마의 속임수'라는 바이올린 곡도 있다. 파가니니 곡인데 파가니니가 악마에게 영혼을 팔아서 아무도 연주할 수 없는 난해한 곡을 자신만 연주할 수 있게 했다는 소문 때문에 그의 연주 시절에는 그가 악마에게 자신의 영혼을 팔았다는 이야기가 떠돌기도 했다. 좋은 소리, 좋은 노래에 대한 인간의 욕구는 이처럼 끝이 없는 것이어서 인간은 항상 좋은 소리의 출현을 고

대하고 있다.

　가수가 자신의 노래에 넋이 나가 정신을 잃고 자기 노래를 듣고 있는 청중을 바라보는 그 순간만은 이 세상 어느 것과도 바꿀 수 없는 가장 황홀한 순간이다. 그 순간, 자신의 노래를 듣고 있는 청중들의 영혼의 주인은 바로 가수이다. 누구도 감동하게 할 수 있고 누구의 영혼도 빼앗아 올 수 있는 목소리를 갖고 싶은 것은 모든 가수의 꿈이다.

　그는 그런 목소리를 갖고 싶었다. 산속에 들어가서 삼 년간 소리도 지르고 동굴에 들어가서 몇 날 며칠을 기도하는 마음으로 노래를 부르며 연습했지만, 원하는 그 목소리는 나오지 않았다. 조금씩 나아지는 기색은 보였지만 '악마의 목소리' 정도의 결정적으로 아름다운 목소리는 나오지 않았다. 만약에 악마가 자기 앞에 나타나 '네가 원하는 목소리를 줄 터이니 너의 영혼을 내게 팔아라' 하고 말한다면 그대로 할 수 있을 것 같았다.

　그러던 어느 날, 그가 낮잠을 자는데 꿈에 악마가 나타났다. 기다리던 바로 그 악마였다. 물론 그 악마는 '악마의 목소리'를 줄 테니 영혼을 달라고 말했다. 그는 기다리고 있던 바라 흔쾌히 허락했다. 잠을 깨고 나서 그는 조금 전의 꿈이 생각나 아랫배에 힘을 주고 평소에 연습하던 노래를 불러 보았다. 어제와는 소리가 사뭇 다른 것 같았다. 뭔가 훨씬 더 부드러우면서도 목소리 속에 사람을 잡아당기는 그 무엇이 있는 것 같았다. 확실히 소리가 달라져 있었다. 그는 속으로 '이런 게 영혼을 판다는 것이구나…' 하고 생각했다.

소리가 좋아졌다는 것을 그는 노래를 부르면 부를수록 느낄 수 있었다. 확실히 소리는 이전보다 훨씬 좋아졌다. 자신이 붙은 그는 소리에 점차 힘이 들어갔고 강하게 약하게 모든 소리가 자유자재로 울려 나왔다. 이런 소리를 듣는 그 자신마저 어느 순간에는 눈물까지 흘러나왔다. 이렇게 아름다운 소리를 갖게 된 것이 너무나 감동을 자아내고 신기했다. 드디어 그는 소원대로 '그 소리'를 갖게 된 것이다.

'그 소리'를 갖게 된 이후로 그는 가는 곳마다 큰 히트를 했다. 그의 노래를 한 번이라도 들은 사람은 모두 그의 팬이 되고 말았다. 그의 유일한 경쟁자였던 현역 최고의 가수는 그의 소리에 눌려 어느 틈엔가 청중들의 눈에서 사라지고 말았다. 그 나라의 모든 돈은 그에게로 몰렸고, 큰돈을 번 그는 마음먹은 대로 모든 것을 할 수 있었다. 행복한 그의 생활은 한없이 지속할 것 같았지만, 가끔 '내가 악마에게 영혼을 팔아서 이런 아름다운 목소리를 갖게 된 것이지…' 하는 생각이 떠오를 때면 '그런 생각이 인제 와서 무슨 의미가 있어?' 하고 반문하면서 지나갔다. 모든 것을 다 가진 지금 이제 악마와의 약속이란 것은 큰 의미가 없었다.

  그의 나이도 이제 꽉 차서 장가를 갈 나이가 되었다. 아름다운 목소리와 큰돈을 가진 그였기에 주변에 여자들이 들끓었지만, 그의 마음에 드는 여자는 아직 없었다. 한 명 있다면 그것은 바로 그 나라의 공주였다. 공주는 외동딸이었는데, 그 공주도 자기의 노래에 대한 소문을 듣고 궁금해하고 있다는 이야기가 들리기도 했다. 그리고 공주도 열렬한 음악 애호가였으므로 음악에는 대단한 일가견이 있었다. 공주의 나이도 다 차서 배필을 구해야 했지만 마땅한 배필감이 나타나지 않아 차일피일 미루다 세월이 많이 지난 모양이었다. 왕은 그런 공주의 마음을 헤아려 궁정에서 성대한 음악회를 열기로 했다. 노래를 잘한다는 사람은 다 초대되었는데, 사람들은 암암리에 그 자리에서 가장 노래를 잘 부르는 사람에게 공주의 마음이 돌아갈 것이라고 말했다.

  궁정의 음악회 날, 익히 보던 가수들은 모두 초대되었고 그도 가장 좋은 자리에 앉아서 자신이 노래를 부를 차례를 기다리고 있었다. 한쪽 구석에는 오랫동안 모습을 보이지 않던 왕년의 최고 가수였던 경쟁자의 모습도 보였다. 오랜만에 보는 모습이었다. '어디서 무얼 하다가 나타났을까?' 궁금증이 일었지만, 곧 잊어버렸다. 가수들은 모두 열성을 다해 노래를 불렀고 청중들의 박수는 열렬하게 터져 나왔다. 그러나 공주의 얼굴은 그리 흡족한 표정이 아니었다. 그는 공주가 그런 얼굴을 하는 이유를 알고 있었다. 그것은 공주의 마음을 움직일 수 있는 소리가 아직 공주의 귀에 들려오지 않았기 때문이었다.

　이윽고 맞수 가수의 차례가 되었다. 그는 자리에서 벌떡 일어나 가수 석으로 올라갔다. 조금은 자신 있는 표정이었다. 그는 '오랜만에 나타나서 뭘 믿고 저렇게 성큼성큼 걸어나가나?' 하고 생각했다. 곡이 연주되고 경쟁자의 노래가 시작되었다. 노래가 썩 좋았다. 도입부가 지나고 서서히 클라이맥스로 향하자 노래는 더욱 부드러워지고 사람들은 서서히 그의 노래에 빠져 들어가고 있었다. 클라이맥스로 이어지자 노래는 격렬한 가운데에서도 환희에 빛나는 느낌이었다. 가수와 악단이 주고받는 앙상블은 환상 그 자체였다. 그리고 그 목소리는 바로 영혼을 판 대가로만 얻을 수 있는 목소리였다. 바로 자기가 갖고 있었던 '악마의 목소리'였다.

　그는 이내 '그도 악마에게 자신의 영혼을 팔지 않았나?' 하는 생각이 들었다. 공주의 표정이 밝아지고 감동의 표정으로 이어지는 것이 보였다. 노래가 끝나자 우레와 같은 박수와 함께 앙코르곡이 울려 나왔다. 역시 '악마의 목소리'임이 분명하였다. 경쟁자도 악마에게 영혼을 판 것임이 분명했다. 그가 영혼을 팔아 받았던 그 목소리는 경쟁자에게 돌아가 버린 것이었다. 이제 모든 것은 끝나 버렸다.

그의 차례가 되어 가수 석에 올라갔지만, 그의 목소리는 이미 영혼의 목소리와는 거리가 멀었다. 가까스로 한 곡을 끝낸 그의 얼굴은 진땀으로 범벅되어 있었다. 이 세상에서 가장 힘들고 긴 시간이었다. 자기 곡 두 곡을 겨우 마친 그는 겨우 자리로 되돌아왔다. 모든 것이 끝나 있었다. 음악회를 마칠 때까지 그는 비몽사몽 정신이 없이 앉아 있었다. 음악회가 끝나자 공주가 자리에서 일어나 그 가수에게로 달려가는 모습이 저 멀리서 보였다. 도망치듯 그 자리를 빠져나온 그는 집으로 돌아와서 하염없이 울며 악마에게 자신의 목소리를 판 것을 후회하고 또 후회했다. 그러나 이미 모든 것은 결정돼 버렸고 공주는 경쟁자 가수에게 가 버린 뒤였다. 그는 다시는 노래를 할 수가 없었다. 그리고 먼 훗날 그는 자신의 노력 없이 얻은 부와 명예는 달아나기 쉽다는 것을 깨우쳤다.

그러나 생각해 보자. 모든 것은 마음에 달려 있으리라. 그 가수는 과연 악마에게 영혼을 팔아 그 목소리를 얻은 것일까? 인간의 능력이나 재능은 신이 부여하거나 악마가 빼앗아 가는 것이 아니다. 오직 자신의 노력과 부단한 연마로써 얻어지는 것이다. 그의 목소리는 악마가 준 것도 아니고 빼앗아 간 것도 아니었다. 경쟁자의 목소리도 역시 그랬다. 그가 노래를 잘 부를 수 있었던 것은 신과 동굴을 찾아다니며 좋은 목소리를 갖기를 간절히 원하고 열심히 노력하여 얻은 결과였으며, 그가 다시 노래를 부를 수 없었던 이유는 많은 돈을 벌어 정신이 해이해지고 방탕한 생활을 했기 때문이었다.

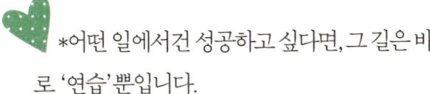
＊어떤 일에서건 성공하고 싶다면, 그 길은 바로 '연습' 뿐입니다.

# 냉동실 속의 히터

잘 쓰던 냉장고가 고장 났다. 냉동이 안 되는 것이다. 냉동실 안에 놓아둔 삼겹살이며 국거리 고기에서 뻘건 물이 흘러나왔다. 그대로 몇 시간 그냥 두었다가는 고기가 상할 것 같았다. 114에다 전화를 걸어 S 전자 서비스 센터의 전화번호를 물었다. 교환원에게 전해 받은 그 번호를 누르니 신호음이 들려 왔다.

잠시 후 신호가 떨어지더니 "컴퓨터는 1번을, 가전제품은 2번을 누르세요." 하는 목소리가 흘러나오고, 내 손가락은 2번을 누르고 있었다. 상냥한 목소리의 아가씨가 나왔다. "어떤 제품이 고장 나셨습니까?", "아, 저, 냉장고인데요. 냉동이 안 돼요. 불은 들어오는데…." "아, 그렇습니까? 그동안 얼마나 불편하셨습니까? 전화번호를 말씀해 주시죠. 저희가 오전 열한 시 반부터 열두 시 사이에 방문해 드려도 되겠습니까?" "네, 꼭 와주세요."

전화를 끊고 나서 열두 시가 막 지나자 기사의 다급한 전화가 왔다. "거기, 위치 좀 가르쳐 주세요." 한 시간이나 더 기다렸더니 기사가 미니버스처럼 생긴 경차를 타고 나타났다. 이미 삼 개월 전에 한 번의 경험이 있었던지라 나는 가스레인지 위에 미리 주전자를 올려놓고 물을 끓이고 있었다. 물은 뜨겁게 펄펄 끓었다.

기사는 몇 마디 의례적인 질문을 던지고는 냉동실 안에 있는 고기며 마른 멸치 등을 밖으로 꺼내는 것이었다. 뭐가 그렇게 많이 들어 있었는지 냉동실 안에는 먹다 남은 곶감에다 마른 북어까지 있었다. 곶감이 있는 줄 알았더라면 진작 먹어 버렸을 텐데…. 물이 뚝뚝 떨어지며 나오는 음식들을 보니 기분이 꺼림칙했다.

기사는 능숙한 솜씨로 냉동실 밑판을 꺼내고 스티로폼 판으로 만들어진 덮개를 우두둑우두둑 부수며 뜯어냈다. 이윽고 냉동기의 실체가 눈앞에 나타났다. 하얀 성에가 끼어 있는 냉동기는 얇은 관들이 'ㄹ'자 모양으로 겹겹이 둘려 있었다. 저 얇은 관들 사이로 냉매가 지나가면서 냉동실 온도가 차가워지는 모양이었다.

뜨거운 물이 가득 담긴 주전자를 가져간 기사는 냉장고 위에 주전자를 올려놓고 비닐로 된 긴 빨대로 물을 빨아내려 냉동실 안의 냉동기에다 뜨거운 물을 뿜어댔다. 냉동기를 녹이는 것 같았다. 한참 후 그가 말했다. "이제 다 된 것 같습니다." "다 된 거예요?" 기사는 찢어진 스티로폼 패널 조각을 다시 짜 맞추며 말했다. "네, 두세 시간쯤 후에 전원 스위치를 켜시면 냉동이 될 겁니다."

무엇이 문제였는지 궁금해진 나는 기사에게 질문을 던졌다 "그런데 뭐가 고장 났어요?" 기사는 내게 말했다. "네, 냉동실 안의 히터가 고장 났어요." "네? 냉동실 안에 히터가 있어요?" 왜 성에가 하얗게 낀 냉동기 안에 히터가 있어야 한단 말인가? 히터를 설치하느니 차라리 냉동 온도를 조금 높이면 될 게 아닌가? 차가워져야 하는 곳에 뜨거워지는 히터라니 모순되는 일이었다.

궁금해진 나는 기사에게 재차 물었다. "아니, 냉동실 안에 히터가 왜 있어요?" 그러자 기사는 나에게 대답해 주었다. "네, 냉동실과 냉장실에 냉기 바람을 뿜어 넣어 주려면 밖의 공기를 빨아들여 주는 팬이 있어야 하는데, 이 팬이 자주 얼어붙습니다. 이 팬이 얼어붙지 않게 하려면 히터가 팬에 열을 공급해 줘야 합니다." 그는 계속 말했다. "이 냉장고는 히터가 고장 나서 팬이 얼어붙어 냉기가 유통되지 않아 냉동이 제대로 되지 않았습니다. 히터를 교환해야 하니까 부품이 올 때까지 며칠만 기다려 주세요. 일단 팬을 뜨거운 물로 녹여 놨으니까 당분간 냉동은 잘 될 겁니다."

냉장고 안에서 사방의 냉기와 외롭게 싸우며 고생하는 히터의 모습이 장하기도 하고 불쌍해 보이기도 했다. 냉장고가 제대로 차가울 수 있었던 이유는 바로 그 안에 숨어서 꼭 필요한 열을 내면서 제 역할을 다 하고 있는 히터가 있었기 때문이라는 것을 사람들은 알고 있을까?

*우리 사회가 부패하였음에도 무너지지 않고 이렇게 유지될 수 있는 이유는 돈 많은 재벌이나 유능한 정치가들의 탁월한 뇌 때문이 아닙니다. 냉동실 속의 히터처럼, 보이지 않는 곳에서 자기 역할을 다하며 사방의 차가운 냉기와 싸우며 직분을 다하는 보이지 않는 '그분들'의 덕분입니다.

# 불로초

천하를 통일한 황제는 모든 신하를 불러 놓고 명령을 내렸다. "여봐라! 너희는 지금 당장 불로초를 구해 오너라." 신하들은 황제의 불같은 성격을 잘 알고 있었으므로 모두 한 번 먹으면 절대 늙지 않는다는 불로초를 구하기 위하여 길을 떠났다. 떠나는 신하들의 뒤에 대고 황제는 다시 한 번 큰소리로 외쳤다. "불로초를 구하기 전까지는 절대로 돌아와서는 안 된다!"

신하들은 불로초를 구하기 위하여 전국 각지로 흩어졌다. 죽을 고비를 넘으며 산과 계곡을 헤매고 다닌 끝에 드디어 불로초를 구했다. 불로초를 구한 신하들은 신이 나서 황제가 있는 궁전으로 돌아왔다. "황제 폐하! 지금 불로초를 구하여 왔나이다."

그러나 황제는 나타나지 않았다. 모든 신하를 불로초를 구하러 떠나보냈다는 사실을 알게 된 이웃 나라에서 몰래 자객을 보내어 혼자 있던 황제를 죽여 버렸다.

불로초는 궁전의 쓰레기통에 던져지고 말았다.

*지혜가 없는 사람에게는 불로초나 쓰레기나 별 차이가 없습니다.

## 큰 얼굴의 사나이

얼굴이 커서 고민인 사나이가 있었다. 정확히 재어 보면 다른 사람보다 한 배 반이나 얼굴이 컸다. 취직은 물론 할 수 없었을 뿐만 아니라 모자도 맞는 것이 하나도 없었다. 성형외과에도 가 보았지만, 의사들은 고개를 설레설레 흔들었다. 병원 문을 나서는 그의 뒤통수로 "원, 좀 커야지…. 기형이야, 기형!" 하는 소리가 들리는 것만 같았다.

친구들은 그에게 얼굴 큰 것이 무슨 죄냐며 걱정하지 말라고 했지만, 그건 위로하는 말에 지나지 않는다는 것을 그는 잘 알고 있었다. 심지어 그의 얼굴에 자기 얼굴을 대보며 "네 얼굴이 뭐가 크냐?" 하며 하나도 큰 얼굴이 아니라고 말했지만, 정확히 재서 딱 한 배 반 큰 얼굴이라는 사실은 절대 변하지 않았다. 그는 이제는 누구의 말도 듣지 않기로 했다.

　죽기로 마음먹은 그는 절벽 꼭대기에 있는 자살 바위 위로 올라갔다. 죽기로 하니 차라리 마음이 편해졌다. 그런데 자살 바위에 오르는 길목에 도사 같은 사람이 하나 앉아있었다. 그의 앞에는 '고민상담' 이라는 글씨가 눈에 보였다. 점쟁이가 아닌가 하는 생각이 든 그는 마지막으로 유언이나 남길까 하여 그에게 다가갔다.

　산에 들어가 삼십 년간 도를 닦고 나왔다는 도사는 그에게 세상의 어떤 고민이라도 다 들어줄 수 있으니 말해 보라고 했다. 그는 도사를 힐끗 보더니 말했다. "보면 모르시오? 얼굴이 남들보다 한 배 반이나 더 크단 말이오." 도사는 말했다. "뭐 그런 걸 가지고 고민을 하십니까? 걱정하지 마십시오." 말을 마친 도사는 무슨 이상한 주문 같은 것을 중얼중얼 외더니 잠시 후 그에게 말했다. "당신

고민은 해결되었으니 걱정하지 말고 돌아가시오."

그는 긴가민가하여 자기 얼굴을 만져 보았다. 별로 작아진 것 같지는 않았다. 주머니에서 줄자를 꺼냈다. 자로 재어 본 그의 얼굴은 어제와 하나도 달라진 것이 없었다. "별 미친 도사를 다 보겠군!" 그는 죽는 마당에 별 재수 없는 일도 다 생기는구나 하고 생각하면서 자살 바위로 올라갔다. 절벽 저 아래로 사람들이 지나가는 것이 보였다. "그래. 너희끼리 잘 살아 봐라!" 원망의 말을 되뇌며 그는 절벽 아래로 뛰어내렸다.

뛰어내리는 그의 시야로 사람들이 놀라며 그를 쳐다보는 것 같은 표정이 들어왔습니다. 언뜻 스쳐 가는 기분에 그 사람들의 얼굴이 어제보다 훨씬 더 커 보이는 것 같다는 생각이 들었지만, 그 순간 그는 그 자리에서 죽고 말았다. 사람들은 끔찍한 자살 현장으로 몰려들었습니다. "쯧쯧" 사람들은 혀를 차며 한마디씩 했다.

"아까운 젊은이가 또 죽었구먼…." 그러자 다른 사람이 말했다. "자살 이유가 뭐였을까요?" 옆에 있던 사람이 퉁명스럽게 대답했다. "빤하지 뭐, 얼굴이 너무 작아서 고민이 되었겠지 뭐…" 그러자 또 다른 사람이 말했다. "얼굴이 너무 작다고 자살할 건 또 뭐람. 그 정도면 사는 데는 지장이 없었을 텐데…" 사람들은 저마다 한마디씩 하면서 하나둘 그 자리를 떠났다.

그 도사는 큰 얼굴 사나이의 소원을 풀어 주기 위하여 그를 제외한 세상 사람들의 얼굴이 두 배로 크게 해 놓았다.

*남들보다 얼굴이 더 크다는 이유로 절벽에서 뛰어내리는 사람은 언젠가는 다른 이유를 대서라도 절벽에서 뛰어내릴 것입니다. 부정적인 것만 보는 사람의 눈에는 부정적인 것만 보이는 법입니다.

## 어느 배우의 은퇴

연기를 열심히 하기로 소문난 연기자가 있었다. 주연급 배우였는데 이번에 맡은 역은 나쁜 나라의 대장 역이었다. 워낙 열심히 연기한다고 소문난 사람이라 그가 이런 중요한 역을 맡게 된 데 대해 사람들은 아무런 이의도 제기하지 않았다.

연습이 시작되었고 연기자들은 연출자의 지시에 따라 실제 공연 때와 똑같이 연기 연습에 열중했다. 그가 연기할 차례가 되자 그는 대본에 쓰여 있는 대로 큰 목소리로 연기했다.

"이걸 서류라고 해 왔나? 다시 해 와!" 소리를 지르며 손에 잡고 있던 대본을 앞의 사람의 얼굴에다 휙 내던졌다. 낱장으로 된 대본은 공중으로 날아가다가 공교롭게도 앞에 있는 연기자의 얼굴로 날아들었다. 그런데 그만 날카로운 종이의 끝 부분이 그 연기자의 얼굴을 살짝 베어 피가 맺히게 되었다. 연출자는 연출에 흠뻑 빠졌는지 그 사실을 알아차리지 못하고 계속 다음 연기를 주문했다.

갑자기 얼굴을 베인 그 연기자는 주춤거렸다. 그러나 연출자의 NG 사인이 없어 연습을 중단시킬 수가 없었다. 연습은 잠깐 계속되었고. 다음번 NG 장면이 되어서야 연출자는 한 연기자의 얼굴에 상처가 나서 피가 맺혀 있는 것을 발견하게 되었다. 놀란 연출자는 응급조치를 시켰고, 얼굴을 다친 연기자는 의무실로 급히 달려가 후속 조치를 받게 되었다.

문제는 그다음부터 발생하기 시작했다. 가해자인 그 연기자는 자신이 던진 종이에 앞의 연기자가 다쳤다는 것을 이미 알고 있었지 않았느냐 하는 점이었다. 얼굴에 피가 날 정도였는데 모를 리가 없었다는 것이 중론이었다. 연출자의 지시가 없었다는 이유 하나만으로 자기 연기를 계속한다는 것이 과연 도덕적으로 옳으냐는 것이었다.

  그 연기자가 연기는 열심히 했지만, 평소 선배와 후배들에게 너무 오만하게 보였던 것이 화근이었다. 자신의 행위로 인하여 연기자에게 가장 중요한 부분인 얼굴에 피가 날 정도로 사람이 다쳤는데 자기 연기만 신경을 쓰고 있었던 그에게 사람들은 욕을 해대기 시작했고 그는 자기밖에 모르는 냉정한 사람으로 낙인이 찍히고 말았다. 아무도 그가 연기에 너무 열중한 나머지 상대방의 얼굴이 다친 것도 모르고 열심히 연기한 것일 거라고 변호해 주는 사람은 없었다.

  결국, 그는 연기자들 사이에서 심하게 따돌림을 받는 사람이 되었다. 얼마 후, 그 분야에서 그의 얼굴을 보았다는 사람은 아무도 없게 되었다.

> *이 일은 실제로 있었던 일입니다. 평소에 덕을 쌓았다면 그 사람은 오히려 열정을 인정받았을 것입니다. 자기 자신만 아는 사람은 다른 사람을 잃게 되며 결국 모든 것을 잃습니다.

# 가난한 시인과 그의 아들

동네에 서커스가 들어오자 온통 떠들썩해졌다. 아들은 그 서커스가 보고 싶어서 아버지에게로 가서 말했다. "아버지, 서커스 구경하게 돈 좀 주세요." 아들의 말을 들은 가난한 시인은 주머니를 뒤져 보았지만 돈이 있을 리 없었다. "애야, 아버지가 돈이 없구나. 다음에 올 때 가도록 해라."

아버지는 입이 주먹만큼 나온 아들을 위로하며 되돌려 보냈지만, 아무래도 마음에 걸렸다. 얼마나 서커스가 보고 싶었길래 아버지가 돈이 없는 줄 뻔히 알면서 돈을 달라고 했겠는가? 그런 생각을 하니 마음이 아팠다.

그날 저녁, 아버지는 자전거 뒷자리에 아들을 태우고 서커스단이 천막을 치고 자리를 잡은 개천가로 나갔다. 아들의 실망한 마음을 조금이나마 달래 주려는 마음이었다.

서커스장에 가보니 역시 예상했던 대로 인기가 대단했다. 사람들이 돈을 내고 표를 산 뒤 줄을 서서 서커스장 안으로 들어가고 있었다. 그런데 뒤로 돌아가 보니 아이들이 개구멍을 내고 몰래 서커스장으로 들어가고 있는 것이 아닌가! 아버지는 '옳다! 이때다!' 하며 개구멍 쪽으로 아들의 등을 떠밀었다. 아들은 개구멍으로 들어가 서커스가 끝날 때까지 마음껏 구경하고 나왔다.

밤늦도록 구경을 하고 나온 둘은 집으로 가기 전에 혹시나 하여 아까 아버지가 있었던 개천가 둑으로 가 보았다. 아버지는 그 자리에 그대로 있었다. 아들이 아버지에게 물었다. "아버지, 왜 아직 여기 계셨어요?" 그러자 아버지가 대답했다. "이놈아, 네가 혹시 경비원에게 걸리기라도 하면 어떡하니?"

아버지는 개구멍으로 들어간 아들이 걱정되어 한시도 자리를 뜨시지 못한 것이었다.

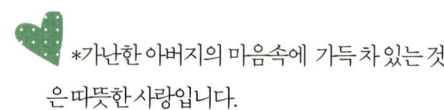
\*가난한 아버지의 마음속에 가득 차 있는 것은 따뜻한 사랑입니다.

CHAPTER 2

# 살아있다는 것은 이미 절반의 성공

성공이란 무엇인가?
살아 있다는 현실.

삶이 내게 아름답냐고 물었다!

나도 그 마음.

## 노자의 내기 골프

　노자는 죽어서 신선이 되었다. 그의 제자 장자와 열자도 신선이 되었다. 어쩌면 죽지 않고 살아서 신선이 되었는지도 모른다. 구름 위에서 노니는 신선들의 모습은 신비로운 것이었다. 요즘 들어 노자는 지상에서 유행인 골프에 취미가 붙기 시작했다. 제자들과 함께 골프채를 휘두르는 노자의 모습은 팔십 노인 같지 않은 싱싱한 모습이었다. 흰 수염을 휘날리며 골프채를 휘두르는 노자의 모습은 그야말로 신선이었다. 노자, 장자, 열자 세 사람은 노자의 요청에 따라 골프를 치기로 했다. 내기 골프였다. 물론 돈 내기는 아니었다. 신선들에게 돈은 아무런 의미가 없는 것이었다. 그들의 내기는 '진리 내기'였다. 골프에서 진 사람이 진리를 한마디씩 말해야 하는 것이었다. 노자가 "흰 구름!" 하고 외치자 하얀 구름이 몰려와 구름으로 만든 골프장이 순식간에 만들어졌다.

노자가 먼저 필드를 대신한 구름 위에 올랐다. 딱! 하는 소리와 함께 공은 멀리 날아갔다. 이번에는 장자 차례였다. 장자가 골프채를 휘두르자 딱! 하는 소리와 함께 공이 날아갔다. 노자보다 더 먼 거리였다. 이때 구름을 잘 타는 열자가 회심의 미소를 지으며 골프채를 잡았다. 딱! 하는 순간, 불꽃이 번쩍 보이는 것 같았다. 열자가 친 공은 눈에 보이지 않을 정도로 멀리 날아가 구름 한가운데에 떨어졌다.

노자가 한마디를 했다. "음, 역시 젊은 사람들한테는 당할 수가 없구먼…." 열자가 말했다. "스승님이 지셨습니다." "내 이럴 줄 알았으면 지상에 있을 때에 진작 좀 배워 가지고 올 걸…."

노자가 아쉬운 듯 말했다. "내기에 지셨으니 말씀을 한마디 하셔

야죠." 장자가 말하자 노자가 말했다. "무위자연無爲自然!" 그러자 두 제자는 얼굴이 숙연해지면서 스승의 탁월한 깨우침에 놀라는 표정이었다. 물론 지상에서 이미 다 들어 본 말이었지만 들으면 들을수록 새롭게 깨우쳐지는 말이었다.

　노자가 다시 제자들에게 말했다. "한 게임으로는 아쉬우니 우리 한 게임 더 하세." 장자와 열자가 이해할 수 없다는 듯이 말했다. "그렇게 하십시오, 스승님. 아무리 해 보셔도 저희를 이길 수는 없으실 텐데요." 노자가 다시 골프채를 휘두르자 공은 아까와 비슷하게 나갔다. 장자의 공은 아까보다 조금 더 나갔다. 열자가 골프채를 휘두르자 번쩍! 하는 불꽃과 함께 공은 쏜살같이 날아가 구름을 지나 바다 한가운데에 떨어졌다. 이번에도 노자의 패배였다. 패배를 자인한 노자는 제자들에게 다시 진리를 말했다. "진리는 어머니다!" 진리의 본질은 어머니와 같은 것이어서 모든 것의 출발점이 되며 모든 것의 근본이 된다는 말이었다. 물론 이미 들은 말이었지만 들어도 들어도 새롭게 들리는 말이었다.

노자가 다시 말했다. "이제 마지막이네, 한 게임만 더 하세." 제자들은 다시 골프채를 잡았다. 노자의 공은 아까하고 같았고 장자의 공은 두 번째보다 더 멀리 날아갔다. 열자의 공은 지구를 한 바퀴 돌아서 그들이 서 있는 곤륜산 꼭대기로 다시 날아왔다. 노자가 골프에서 이길 수는 없는 노릇이었다. 노자가 다시 제자들에게 진리를 이야기하였다. "진리는 물이다!" 진리의 모습은 일정한 모습을 가진 것이 아니라 항상 물처럼 변하면서 꼭 필요한 곳에 보이게 또는 보이지 않게 존재한다는 것이었다. 진리의 말이 아닐 수 없었다. 어쩌면 노자는 제자들에게 도의 이치를 근본부터 다시 깨우쳐 주려고 일부러 내기에 져 준 것일지도 모르는 일이었다.

그러는 사이, 지상에서는 끝없이 비가 내렸다. 신선 세계의 한 시간은 인간 세계의 한 달에 해당하였으므로 지상에서는 그들이 골프를 치는 석 달 열흘 동안 줄기차게 비가 내렸다. 특히 이번 비는 엄청난 소리를 동반한 천둥 번개가 많아서 마음 약한 인간들에게는 여간 불안한 것이 아니었다. 아마 열자가 골프를 치던 날, 골프채의 불꽃이 지상으로 비쳐 번갯불이 심하게 번쩍번쩍했던 모양이었다. 하여튼 이렇게 많은 비가 내린 적은 없었다. 온 세상이 온통 물바다가 됐으니… 역시 '진리는 물'인 모양이다.

\*진리도 좋고 내기도 좋지만 높은 데 있는 양반들은 제발 골프 좀 치지 마십시오. 그대들이 골프를 치며 즐기는 동안, 그 아래는 온통 엉망이 되어 버립니다.

## 공중부양

두 명의 수도승이 가부좌를 틀고 앉아서 참선하고 있었다. 스승의 가르침에 따라 온 종일 두 눈을 감고 합장하고 앉아서 이 세상의 모든 번뇌와 욕심을 버린 무념무상의 경지에 도달하기 위해서 참선을 시작한 지 거지반 십 년이 다 되었다. 참선의 경지에 도달한 사람은 멀리서 일어나는 일도 또렷하게 볼 수 있고 또 텔레파시로 자기의 의사를 전달할 수 있는가 하면 스승처럼 몸이 공중으로 떠오르는 부양의 경지에까지 이를 수 있다. 이런 것들이 참선의 목표는 아니겠으나 일정한 경지에 도달하면 반드시 일어날 수 있는 현상으로, 스승의 참선 모습을 목격한 두 제자로서는 결코 잊어버릴 수 없는 것들이었다.

　스승은 이미 삼 년 전에 산꼭대기 암자로 올라가셨고 한철에 한 번 정도 내려오셔서 제자들의 수행 정도를 점검하곤 하셨는데, 특별한 방법이나 주문을 내리시는 법은 없으셨고 제자들 스스로 중단 없는 수행에 정진할 것을 말씀하시는 정도였다. 두 제자는 스승의 명령에 따라 매일매일 수행에 힘쓰며 경지에 도달할 수 있도록 노력했다. 법당에 나란히 앉아 수도에 열중하는 오른쪽 스님과 왼쪽 스님은 아침 공양을 마치고 조용히 참선에 들었다. 두 스님은 두 눈을 감고 합장을 한 채로 무념무상의 세계로 빠져들고 있었다. 왼쪽 스님의 마음속에는 산꼭대기 암자에서 같은 시간에 같은 자세로 수행에 정진하시는 스승님의 모습이 보이는 것 같았다. 조용히 참선하는 몸이 공중으로 스르르 올라가는데도 미동도 없으신 스승님의 모습이 마음속에 그려졌다. 그런 스승님의 모습을 생각하니 자신의 몸도 스승님처럼 가벼워지는 것 같은 느낌이 들었다.

왼쪽 스님은 그런 스승님의 모습을 마음속에 그리며 '나는 언제나 스승님처럼 공중 부양의 도를 터득할 수 있을지…' 하며 마음을 추스르려고 애썼지만 오늘따라 그의 마음속에는 알 수 없는 번뇌가 모락모락 피어오르고 있었다. 문득 오른쪽 스님의 모습이 궁금해졌다. 그는 가만히 샛눈을 뜨고 오른쪽 스님의 모습을 살며시 훔쳐보았다. 그런데 이게 웬일인가! 그 순간 오른쪽 스님의 몸체가 공중으로 붕 떠오르고 있는 것이 아닌가? 둥둥 떠 있는 오른쪽 스님은 미동도 없이 합장하고 있는데 자신은 아직도 엉덩이를 마룻바닥에 뭉개고 앉아 있는 것이었다. 충격을 받은 왼쪽 스님은 아무런 내색도 못 하고 조용히 눈을 감고 말았다. 오른쪽 스님께 대한 미안한 마음과 함께 스승님의 걱정하시는 얼굴이 보이는 것 같았다.

저녁 공양을 마친 한적한 시간, 호기심과 죄스러운 마음을 억누르며 왼쪽 스님은 오른쪽 스님에게 다가가 나직하게 물었다. "스님, 어떻게 하면 공중부양을 할 수 있을까요?" 그러자 오른쪽 스님이 되물었다. "스님, 혹시 그 방법을 아시게 되면 저에게도 좀 가르쳐 주십시오."

　샛눈을 뜨는 그 순간, 오른쪽 스님이 떠오른 것이 아니라 오른쪽 스님과 함께 떠 있었던 자신이 가라앉고 있었다는 것을 왼쪽 스님이 알게 된 것은 오랜 시간이 지난 후였다.

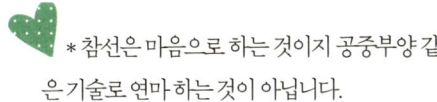
\* 참선은 마음으로 하는 것이지 공중부양 같은 기술로 연마 하는 것이 아닙니다.

# 사군자四君子 치는 법

사군자란 매梅, 난蘭, 국菊. 죽竹을 가리키는 말이다. 매화, 난초, 국화, 대나무는 우리 주변에서 흔히 볼 수 있는 식물들이다. 이 네 가지 식물은 그 모양새가 기품이 있고 선비 같다 하여 옛 선비들은 네 명의 군자라는 의미로 사군자라고 불렀다. 이 사군자는 선비들이 서도를 배우거나 글공부를 한 후, 휴식을 취하기 위하여 붓으로 그림을 그릴 때 즐겨 소재로 선택되었는데, 사군자를 그릴 때는 '그린다'고 말하지 않고 '사군자를 친다'고 한다.

어느 마을에 사군자를 잘 치기로 유명한 선비가 있었다. 현직에서 일찍 은퇴하고 고향에 내려와 사군자를 치며 유유자적하게 살았는데, 그의 사군자 솜씨는 그 마을뿐만 아니라 먼 곳까지도 널리 알려져 그의 그림을 구하려는 사람이 멀리에서도 찾아오곤 했다. 선비는 돈을 받고 작품을 팔거나 하지 않았으므로 그에게 그림을 얻으려면 그의 집을 방문하여 함께 담소를 나누며 서로의 뜻이 통하는 경우에 이별의 정리로 그림을 하나 선사 받는 식으로만 그림을 얻을 수 있었다. 돈을 줄 테니 그림을 팔라거나 방문자가 먼저 그림을 달라고 말하는 경우에 그는 절대로 그림을 주지 않았다. 그가 남들보다 일찍 현직을 그만둔 이유도 아마 자신이 좋아하는 사군자를 마음껏 치면서 많은 사람과 담소를 나누며 살기 위함인지도 모른다.

방문자가 없는 날에는 그는 자기의 집 주변에 심어 놓은 사군자들을 살펴보며 항상 그 향기와 모양새를 즐기며 선비의 기품이 서려 있는 사군자의 멋에 빠져들곤 했다. 선비의 집은 마을에서 멀리 떨어져 있는 산 중턱에 있었지만, 사람들은 이미 선비가 어떤 사람이고 사군자를 얼마나 잘 치는지에 대해 잘 알고 있었다.

그 마을에는 글공부를 열심히 하는 믿음직한 청년이 세 명 있었다. 이미 선비의 높은 기품과 사군자 솜씨에 대해 잘 알고 있던 갑이, 을이, 병이 세 청년은 선비의 제자가 되기로 하고 선비를 찾아갔다. "선비님의 고명을 듣고 배우러 왔습니다. 제자로 받아 주십시오." 선비는 자신을 찾아온 세 청년에게 말했다. "사군자는 배우고 가르쳐 줄 수 있는 것이 아닐세. 모두 집으로 돌아가게."

세 청년은 말했다. "아닙니다, 다 배우기 전까지는 절대 집으로 돌아가지 않겠습니다." 그날부터 세 청년은 선비의 집에서 살며 닭도 키우고 돼지도 키우며 온갖 허드렛일을 도맡아 하기 시작했다. 그 선비도 싫은 내색은 하지 않았다. 그러나 사군자 치는 법을 가르쳐 준다거나 하다못해 붓 잡는 법을 한 번이라도 가르쳐 준 적은 없었다. 세 청년은 다만 선비가 사군자 치는 모습을 곁에서 말없이 지켜보며 먹을 갈아 주거나 종이를 가져다주는 등의 잔심부름만 할 수 있을 뿐이었다.

시간은 흘러 사계절이 지났고 선비의 집 주변의 사군자도 한 번씩 피었다 졌지만, 선비가 사군자 치는 것을 가르쳐 줄 것 같은 기색은 전혀 보이지 않았다. 그때 갑이의 집에서 아버지가 위급하시다는 전갈이 왔다. 갑이는 두 친구에게 말했다. "내 잠시 아버지 병환을 살피고 곧 돌아올 테니 자네들은 스승님을 도와서 나 대신 열심히 해 주게." 갑이는 짐을 꾸리고 스승의 집을 떠났다. 한 달이 지나고 두 달이 지났지만, 갑이는 돌아오지 않았다. 을이와 병이는 서로 다짐했다. "우리는 반드시 사군자 치는 법을 배우기로 하세."

두 친구는 스승님의 닭과 돼지 등을 돌보며 살림을 키워 나갔다. 그들이 들어온 후로 선비의 살림도 불어나 두 제자는 달걀을 팔거나 돼지를 팔아 그 돈을 스승님께 가져다 드리곤 했다. 스승님도 두 제자를 아들처럼 사랑하며 귀여워해 주셨지만, 어찌 된 일인지 사군자 치는 법에 대해서만은 아무런 가르침이 없으셨다. 두 제자는 답답했지만, 스승님께 사군자 치는 법을 가르쳐 달라고 떼를 쓸 수는 없는 노릇이었다. 단지 스승님이 사군자를 칠 때 곁에서 먹을 갈아 드리며 어깨너머로 배우는 수밖에 없었다.

삼 년이 지난 어느 날, 을이는 병이에게 말했다. "나는 더 기다릴 수가 없네. 스승님께서 언제부터 사군자를 가르쳐 주시겠노라고 말씀만이라도 해 주신다면 기다릴 수 있겠네만 아무런 말씀이 없으시니…, 자네만은 꼭 사군자를 배우고 내려오게." 을이는 그 말을 남기고 짐을 싸서 내려갔다. 혼자 남은 병이는 스승을 위해 밥도 해 드리고 손님 접대뿐만 아니라 이전보다 훨씬 많아진 닭과 돼지를 혼자 다 키우면서 스승님이 사군자 치는 것을 곁에서 도와 드렸다.

을이가 산에서 내려간 지도 여러 해가 지났다. 되돌아보니 병이가 스승님의 집으로 들어온 지도 십 년이라는 세월이 흘렀다. 스승님도 나이를 먹었지만, 병이도 십 년 세월이 흐르면서 어린애 같은 모습은 모두 사라지고 장성한 어른의 모습이 되었다. 스승님으로부터는 아직 아무런 가르침이나 약속은 없었다. 그러나 스승님의 사군자 치는 것을 매일 보는 그로서는 이제 스승님이 오늘은 무엇을 그릴 것인지에 대해서 어느 정도 예측도 할 수 있게 되었다. 그리고 스승님께 "오늘은 매화를 그리실 거지요?" 하고 물으면 스승님은 아무 말 없이 빙그레 웃으시며 매화를 그리시곤 하셨다.

스승님의 솜씨는 예나 지금이나 변함없으셨지만, 그에게 그림을 그리는 법이나 붓을 잡는 법 등에 대해서는 단 한 번도 말씀하신 적이 없으셨다. 그러나 손가락을 이렇게 모으고 붓을 잡는다든가, 또는 대나무같이 길게 뻗은 물체를 그릴 때는 어디에서 내치고 어디에서 멈추는지에 대해서는 어느 정도 알 수 있게 되었다. 병이는 사군자를 치고 있는 스승의 모습이 편안하고 아름다워 보였고, 또 스승님이 사군자를 치고 있을 때가 병이에게도 가장 마음이 편안한 시간이 되었다.

그러던 어느 날, 병이는 뜰에 피어 있는 난초를 바라보며 난초의 아름다움에 흠뻑 빠져들었다. 뜰에는 병이가 심어 놓은 난초들이 어지럽게 피어 있었다. 아름답게 꽃을 피운 난초들은 은은한 향기를 풍기면서 제각각의 자태를 뽐내고 있었다. 선비의 고결한 영혼을 보여주는 난초들의 모습은 아무리 보아도 싫증이 나지 않았다. 그러다 문득 뜰 한가운데에 있는 난초에 시선이 멈추게 되었다. 어디선가 많이 본 적이 있다는 느낌이 들었다. 기분이 이상해졌다. "내가 꿈속에서 이 꽃을 본 걸까?" 병이는 고개를 갸우뚱하며 그 난초를 유심히 바라보았다. 그때 병이의 마음속에 문득 떠오르는 생각이 있었다. 그 난초는 바로 아침결에 스승님께서 그리신 난초 같다는 생각이었다. 스승님은 산행하시는 중이었다. 병이는 얼른 방안으로 들어가 스승님이 아침에 그리셨던 난초의 그림을 꺼내 보았다. 그 그림은 병이가 조금 전에 본 바로 뜰에 피어 있는 그 난초의 모습이었다.

병이는 스승님이 그린 난초 그림을 모두 꺼내어 뜰로 가지고 나왔다. 다음 장에 있는 그림은 조금 전의 난초 바로 옆의 난초였다. 그리고 다른 난초 그림들도 모두 뜰에서 찾을 수 있었다.

그랬다. 스승님은 자신의 집 주위에 있는 사군자를 하나하나 모두 그리고 계셨다. 스승님이 항상 집 주위에 심어 놓은 사군자를 유심히 바라보시면서 즐거워하셨던 이유를 이제야 알 수 있을 것 같았다. 매년 새롭게 피어나는 난초의 그림을 그리시며 스승님은 난초의 청아하고 고결한 모습에 빠져 계셨던 것이다. 이제 스승님은 뜰 앞의 난초는 다 그리신 것 같았다.

다음 날 병이는 평소처럼 스승님께 먹을 갈아 드리고 있었다. 화선지를 앞에 놓으신 스승님은 잠시 생각에 잠기시는 듯하더니 붓에 먹을 찍어 대나무를 그리기 시작했다. 스승님의 손놀림은 오늘도 막힘이 없으셨다. 쉬고 나아감에서 모든 붓놀림이 자연스러우셨고 또 대나무를 그리시려면 반드시 그렇게 가야만 했다. 한 그루의 어린 대나무가 화선지 위에 아름답게 태어나고 있었다. 그 대나무는 바로 장독대 뒤에 있는 올봄에 새로 나온 대나무였다. 병이가 말했다. "장독대 뒤에 있는 대나무를 그리셨군요. 어린잎이지만 참 기품이 있는 대나무입니다." 그 말을 들은 스승님은 병이를 물끄러미 바라보았다.

잠시 후, 대나무를 다 그리신 스승님은 빙그레 웃으시며 병이에게 말했다. "네가 이제 사군자 치는 법을 다 배운 것 같구나." 스승님은 대견해하시면서 병이의 얼굴을 쳐다보았다. 스승님은 병이에게 말했다. "사군자는 손으로 그리는 것이 아니라 마음으로 그리는 것이다. 네 마음속에 이미 네가 그린 사군자의 그림이 수백 장 들어 있으니, 너는 이미 사군자를 다 배운 것이나 마찬가지니라." 말씀을 마치신 스승님은 병이에게 붓과 먹을 가져오게 하셨다. 그리고 병이가 그릴 새 화선지도 가져오게 하셨다.

\* 깨닫는다는 것은 세상과 결별하여 산속에서 수행해야만 이룰 수 있는 것이 아닙니다. 자기 세계에서 자기의 일을 통하여 가장 평범한 것의 의미를 알게 되었을 때에 깨달음의 순간은 찾아오는 것입니다.

## 병을 고쳐주는 연못

어느 날 성자가 연못 근처를 지나게 되었다. 그 연못에는 많은 환자가 있었는데. 연못의 물이 가끔 끓어오를 때 제일 먼저 그 연못에 들어가는 사람은 어떤 병도 낫는다는 그런 연못이었다. 그래서 그 연못 주변에는 눈먼 소경, 팔다리가 성치 않은 환자, 그리고 오랜 병으로 기운이 없는 사람들이 물이 끓어오르기만 기다리며 누워 있었다. 성자가 그들의 모습을 보자 불쌍한 마음이 들어 가장 불쌍해 보이는 한 환자에게 다가가서 물었다.

"여기에 왜 누워 있습니까?" 환자가 대답했다. "이 연못에서 물이 끓어오를 때 제일 먼저 연못으로 들어가는 사람은 병이 낫기 때문에 그때를 기다리고 있습니다." 그러자 성자가 말했다. "병이 낫기를 원하십니까?" 환자가 대답했다. "그렇지 않으면 내가 왜 여기에 누워 있겠소?" 성자가 그에게 말했다. "그렇다면 지금 당신이 누운 자리를 들고 일어나 걸어가십시오." 그러자 환자가 물끄러미 그를 바라보며 말했다. "나는 이 자리에 십 년이나 누워 있었소. 그러나 연못에 들어가지 않고 자리에서 일어나 걸어간 사람은 한 명도 보지 못했소." 그 말을 마친 환자는 그 자리에서 돌아누웠다.

　성자는 그를 떠나 다른 환자에게로 갔다. 그는 다른 환자에게 물었다. "병이 낫기를 원하십니까?" 그러자 그가 말했다. "예, 그럼요. 그런데 물이 끓어오를 때 나를 연못에 데려다 줄 사람이 없어서 내가 가는 동안에 다른 사람이 먼저 내려가서 지금까지 삼십팔 년이나 여기에 이렇게 누워 있습니다." 그러자 성자가 말했습니다. "지금 즉시 그대의 자리를 들고 일어나 걸어가시오." 그의 말을 들은 환자는 즉시 자신의 자리를 들고 일어나 걸어갔다.

우리는 한 번도 해보지 않은 일에 대해서는 시도도 해보지 않으려고 한다. 믿음을 가지고 행동에 옮기는 자만이 원하는 것을 얻을 수 있다.

*몸에 병이 들어오기 전에 먼저 마음에 병이 들어옵니다. 그와 같이, 인생의 실패가 있기 전에 먼저 마음의 실패가 있기 마련입니다.

# 제우스의 호리병

제우스는 화가 났다. 모이기만 하면 싸우는 신들의 모습은 예나 지금이나 여전했기 때문이었다. 그동안 사용했던 회의장을 올림포스 산 꼭대기가 아닌 시원한 바다 위로 옮겨 분위기를 바꿔 보려고 하였으나 신들의 욕설은 줄어들기는커녕 오히려 늘어만 갔다. 생각다 못한 제우스는 한 가지 아이디어를 냈다. 그는 파란색 유리로 만든 호리병을 가지고 바다 위 구름 회의장으로 갔다.

"이제부터 다른 사람의 욕을 하거나 비방하는 사람은 모두 이 호리병 속으로 빨려 들어갈 테니 마음대로 하라고!" 그 소리를 들은 신들은 모두 '움찔!' 했다. 그의 부인 헤라가 투덜거렸다. "에이, 제기랄. 이젠 말도 제대로 못 하게 됐네. 젠장, 당신은 뭐할 일이 그렇게 없어서 그딴 걸 다 만들어서 왔수!" 말을 마치자마자 헤라는 파란 호리병 속으로 쏙 빨려 들어가 버리고 말았다. 그걸 본 신들은 깜짝 놀라서 말했다. "우와 저, 저, 저런 진짜네. 이젠 정말 말도 제대로 못 하겠네. 이거 원 디리워시 이디 살겠나. 엄병힐…!" 곧바로 몇몇 신들이 호리병 속으로 쭉 빨려 들어가 버렸다. 태양의 신 아폴로가 말했다. "이런 젠장. 콱 깨 버릴까 보다! 이러다 남아나는 신하나도 없겠다. 우라질!" 말이 떨어지기가 무섭게 아폴로가 호리병 속으로 빨려 들어가 버리고 말았다.

호리병을 가져온 지 십 분도 못 되어 모였던 신들이 모두 다 호리병 속으로 빨려 들어가 호리병 속에 갇혀 버리고 말았다. 제우스는 자신의 의도대로 호리병이 쓰이지 못하게 되자 짜증이 났다. "에이, 이런 우라질 놈들! 십 분도 안 돼 다 들어가 버렸잖아. 빌어먹을 놈들 같으니라고…" 그러자 제우스의 몸도 호리병 속으로 쭉 빨려 들어갔다. 자신을 포함해 모든 신이 다 호리병 속에 갇히자 제우스는 할 수 없이 호리병을 깨고 다 함께 나가기로 했다.

"번개!" 제우스가 소리치자 하늘에서 번개가 우지끈 내리쳐 파란 호리병을 산산조각냈다. 부서진 유리 조각은 에게 해로 떨어져 내리고 신들은 모두 풀려났다. 그날, 하늘에서 떨어진 파란 유리 조각 때문에 바닷물이 파랗게 변해 버리고 말았다고 한다.

\*아무리 훌륭하고 이상적인 법이라고 할지라도 지켜질 수 없는 법이라면 법이 될 수 없습니다.

## 천당에 간 김 집사

"예수 믿고 천당 가십시오! 예수 안 믿으면 지옥 갑니다!" 김 집사가 이렇게 외치며 거리를 헤맨 지도 벌써 십 년이 다 되어 간다. 보통 사람 같으면 그만 할 만도 하련만 김 집사는 하면 할수록 더욱 열심을 내었다. 그가 다니는 교회에서는 물론이고 소속된 교파에서도 이미 소문이 나서 김 집사를 모른다면 교회 다니는 사람이라고 말할 수 없을 정도였다. 이미 그 계통의 매스컴에도 여러 번 화제가 되었고, 그를 소재로 한 설교도 가끔 들을 수 있을 정도였다.

김 집사가 이런 일을 하게 된 것은, 죽음의 문턱에서 구원을 받고 새 생명을 찾고 나서부터이다. 사업체 부도로 사기로 몰려 감옥에서 육 개월 살다 나온 후 도망간 마누라를 찾아 헤매다 자살을 결심했다. 강변에서 소주 열 병을 밤새도록 먹다가 강에 빠져 죽으리라 마음먹고 진탕 술을 마시던 날, 마침 그곳을 지나던 어떤 할아버지를 우연히 만났다. 그 할아버지로부터 예수를 전해 받고 회개한 후에 하나님의 계시를 받아 이런 전도의 사명을 받았다고 한다. 그날 이후 할아버지가 다니시는 교회로 인도를 받아 목사님으로부터 안수 기도를 받았을 때, 그는 한없는 회개의 눈물을 흘렸고 인생의 새로운 사명을 받게 된 것이다.

사명을 받은 다음 날부터 그는 비가 오나 눈이 오나 '예수 천당, 불신 지옥'이라고 쓴 피켓을 들고 거리를 누비고 다니며 목이 쉬도록 "예수 천당. 불신 지옥!"을 외치고 다녔다. 새 생명을 얻은 기쁨에 피곤한 줄도 모르고 그는 날마다 외치고 다녔다. 처음에는 잠자는 시간만 빼고 하루 열여섯 시간 이상 다녔지만, 직장이 생긴 이후에는 하루 다섯 시간 이상, 그리고 토요일과 주일에는 최하 열 시간

이상 외치고 다녔다. 사실 직장도 안 가지려고 했는데, 소속 교회의 목사님께서 구해 주신 자리라 거절을 할 수가 없었다. 그리고 일자리도 전도에 방해되지 않을 만큼 적당히 자유로운 자리라 부담이 덜했다. 한밤중에 나가서 날 밝을 때까지만 몇 시간 정도 경비를 서면 되는 일이었다. 한 교회에 다니는 장로님의 공장이었는데. 요즘엔 도둑들이 트럭을 대고 공장 물건을 몽땅 훔쳐가는 일들이 많아 급히 김 집사가 채용된 것이었다.

공장이라야 별로 크지 않았기 때문에 그가 특별히 할 일은 없었다. 그저 경비실에 가만히 앉아 있기만 하면 되는 일이었다. 경비실 책상에 앉아 성경책을 보면서 가끔 한 바퀴씩 순찰을 하다 보면 어느새 날이 훤하게 밝아 왔다. 아침 일곱 시만 지나면 낮 근무자들이 오니까 그때부터는 슬슬 퇴근 준비를 해도 되는 것이다.

가끔 해야 할 일이 있다면 피켓의 글자를 다시 쓰거나 할 때인데, 그때는 공장에 있는 망치와 합판을 가지고 새로 피켓을 만들면 되었다. 처음에는 글자가 너무 작아서 피켓을 좀 크게 만들었더니 내용은 잘 전달되어 맘에 들었는데 문제는 지하철에서였다. 피켓이 너무 크다 보니 사람들이 조금만 많아도 부딪히거나 걸리적거려 짜증을 내는 사람들도 있었다.

어쩌다가 아주 신경질을 많이 내는 사람도 있었는데 점잖게 그냥 "좀 조용히 합시다" 하는 사람에서부터 신경질적으로 "야, 너나 천당 가지 왜 여기까지 와서 난리야!" 하고 욕지거리를 퍼붓는 사람도 있었다.

처음 몇 년은 그런 말을 듣는 날이면 자신이 없어지고 주눅이 들어 미칠 지경이었다. 그런 날이면 그는 경비실 안에서 큰 목소리로 밤새도록 통성 기도를 했다. 몇 시간씩 기도 하고 나면 다시 용기가 생겨서, (아침엔 대개 잠을 자는데) 퇴근하고 곧바로 어제 그 장소로 달려가서 더 큰 소리로 "예수 천당!"을 외쳤다. 물론 어제 그 사람들은 아니었지만 일단 믿음으로는 이긴 거나 마찬가지였다. 집사가 되고 나서는 성경 토론에도 자신이 붙어서 전도 현장에서 시비조로 질문하거나 성경 토론을 하자고 달려드는 사람들과도 자신 있게 붙을 수 있었다. 신구약 합해서 일 년에 열두 번 이상은 읽는 폭이니까 지난 십 년간 거의 백 번 정도를 읽었다. 아마 그 정도로 성경을 많이 읽은 사람은 지구 상에 흔치 않을 것이다.

그동안 김 집사가 교회로 이끈 신도가 스무 명은 더 되고도 남았다. 열심히 다니는 사람만 따져서 그 정도니까 한두 번 교회로 인도되었던 사람은 어림잡아 거의 백 명쯤 될 것이다. 김 집사 한 명이 있으므로 해서 그 교회가 얻는 은혜는 이루 말로 표현을 할 수 없을 정도였다.

하여튼 한 번 성경 토론이 붙으면 절대로 굴복당하는 일이 없는 김 집사였고, 하면 할수록 자신이 붙고 요령이 생기는 것이 성경 토론이었다. 특히 시비조로 대들거나 욕으로 훼방하는 사람들에게는 더욱 자신이 있었다. 겁을 먹지 않고 꿋꿋하게 성경으로 대항하면 반드시 하나님께서 승리의 은사를 주시는 것이었다. 말씀으로 무장하면 이 세상 무서울 것이 하나도 없었다. 또 그런 식으로 인도된 사람들은 자기처럼 대부분 열심인 신도가 되는 경우가 많았다. 십

일조 꼭꼭 내고 수입의 절반은 꼭 가난한 교회 할머니들께 쥐어 주었지만 그렇게 하고도 저축된 돈이 수천만 원대가 되어 집 나간 부인이 다시 돌아와 회개의 축복을 받았을 때쯤에는 김 집사는 조그만 집 한 채 나마 남의 도움 없이 자기 손으로 마련할 수 있었다.

전도의 은사는 더욱 넘쳐서 그를 따라 거리 전도를 다니는 사람들도 많아졌다. 어떨 때는 지하철 안에서 서로 가끔 만날 때도 있었다. 이미 말씀을 전하는 사람이 있을 때는 김 집사는 바로 내려서 다른 열차를 탔다. 물론 스타일은 여러 가지였다. 김 집사처럼 비교적 단순하게 외치는 형이 있는가 하면 간단한 설교형, 찬송가형 또는 압축 예배형 등이 있었는데, 그가 제일 효과가 있다고 생각하는 형은 단순 외침형이었다. 왜 성경에도 있지 않은가? '광야에서 외치는 자의 소리'라고. 그리고 이런 단순 외침형에는 반드시 시비조의 성경 토론 건수가 생기게 마련인데, 이럴 때가 바로 김 집사의 성경 토론 은사가 확실하게 나오게 되는 때이다. 할렐루야!

그런데 이 노상 전도도 한 십 년 하다 보니까 예전의 목소리만큼 힘차지가 않아 김 집사의 마음이 편치 않았다. "어떻게 하면 옛날처럼 힘차고 우렁차게 계속할 수 있을까?" 김 집사는 이런 생각이 날 때마다 주님께 기도했다. "지혜를 주시옵소서. 용기를 주시옵소서." 기도의 응답은 오래지 않아 곧 그에게 내려왔다. 스피커였다. 너무나도 간단한 거였다. "주여, 감사합니다. 감사합니다…." 그는 즉시 전파 상으로 달려가 손가방 크기만 한 스피커를 사서 어깨에 메는 가방의 끈을 뜯어내고 스피커에 매달아 훌륭한 스피커 선교 장비를 완성했다. 스피커 선교 시대가 열리는 순간이었다.

스피커를 앞에 놓고 그의 입에서는 감사의 기도가 절로 나왔다. "주여, 감사합니다. 주여. 감사합니다." 기도를 마친 김 집사는 가장 사람이 많은 시내 한복판으로 달려나가 힘찬 목소리로 복음을 외쳤다. "예수 믿고 천당 가십시오. 예수 안 믿으면 지옥 갑니다."

김 집사가 죽은 건 일종의 축복이었다. 조금은 이른 나이에 하늘나라에 간 것이긴 하지만 잠을 자다가 자신도 모르게 승천한 것이니 축복이라면 축복일 수 있었다. 장례식을 마친 김 집사는 천국 뮤

앞에 도착했다. 처음 와 본 천국이라 김 집사는 긴가민가하면서 문 안쪽을 기웃거렸다. 베드로가 제일 먼저 김 집사를 발견했다. 김 집사가 천국 문 앞에서 기웃거리는 것을 멀리서 본 것이었다. 김 집사는 이미 천국에서도 모르는 사람이 없을 정도로 소문이 나 있는 사람이었다. 스피커 통을 메고 기웃거리는 김 집사를 보자 베드로가 주님께 말했다. "주님, 드디어 김 집사가 저기 온 모양입니다." "뭐라고?" 베드로의 말에 주님께서는 화들짝 놀라시면서 말했다. "베드로야, 김 집사가 나 찾으면 없다고 그래라. 너도 알다시피 내가 어떻게 김 집사한테 이길 수 있겠니?" 난감해진 베드로에게 주님께서 다시 말씀하셨다. "베드로야, 그리고 한 가지 부탁이 있는데…." "주님, 말씀하십시오. 이 세상의 모든 것은 다 주님의 것 아닙니까?"

그러자 주님께서 말씀하셨다. "저기 저 스피커에 건전지 좀 뺄 수 없겠니? 그동안 시끄러워서 통 잠을 잘 수가 없었느니라."

*예수가 세상에 있을 때 이런 말을 한 적이 있습니다. "내가 이 세상에 다시 올 때 나를 믿는 자를 찾아볼 수 있겠는가?" 그렇다면 지금 있는 수천만 신도는 다 무엇입니까? 저 혼자 옳다고 생각하고 믿는 믿음이 과연 믿음일까요?

## 인도로 가는 길

　어렸을 때부터 정신세계에 흥미가 많았던 장 양은 도를 깨우치기로 했다. 그래서 다니던 컴퓨터 회사를 그만두고 그동안 저축한 돈을 찾아 인도로 가기로 작정했다. 떠나기 전날, 그녀는 그동안 다녔던 정신세계 모임에 가서 인도로 가는 이유와 반드시 도를 깨우치고 돌아오겠다는 결심을 많은 후배 앞에서 밝혔다. 후배들의 부러움의 눈초리를 뒤로하고 비행기에 오른 그녀는 많은 깨달음이 있는 나라, 인도를 직접 보고 느낄 수 있다고 생각하니 낯선 곳에 혼자 간다는 두려움보다 설렘이 앞섰다.

인도에 도착한 그녀는 버스를 타고 갠지스 강 근처의 허름한 숙소에 여장을 풀었다. 서구식으로 잘 꾸며진 좋은 호텔도 많았지만, 도를 닦으러 왔다는 사람으로서 그런 호텔에서 묵을 수는 없는 노릇이었다. 근처에 있는 갠지스 강으로 가는 길가에서 그녀는 이상한 모습으로 앉아 있는 많은 요가 도인들을 볼 수 있었다. 진짜로 송곳방석 위에 태연히 앉아 있는 사람도 있었다. 말로만 듣던 도인들의 모습을 눈으로 보니 '아, 이곳이 진짜 인도라는 곳이구나' 하는 생각이 들었다.

갠지스 강물은 생각보다 더러웠다. 물론 깨끗하리라고 예상을 하지는 않았지만 그렇게까지 더러울 줄은 몰랐다. 완전히 흙탕물, 구정물 그 자체였다. 그 물속으로 사람들은 감격한 듯이 들어가서 머리에서 발끝까지 물을 뒤집어썼다. 그리고 물속에서 두 손을 합장하고 기도하는 사람, 그 물을 마시는 사람, 물속으로 계속 들어갔다 나왔다 하는 사람 등 많은 사람이 물속에서 나올 줄을 몰랐다. 그러나 물의 더러움에 대해서 신경을 쓰는 사람은 한 사람도 없는 것 같앉다.

　더러운 것은 갠지스 강물뿐만이 아니었다. 강 주변에는 각종 종교의식에 필요한 음식이나 재료들이 여기저기 널려 있었는데, 파리 떼가 이루 말할 수 없이 득실댔지만, 인도 사람들은 이런 풍경에 대해 별로 개의치 않는 것 같았다. 어쩌면 파리 떼들도 그들과 함께 도를 닦으러 온 동등한 자격을 가진 생명체로 여기는 것 같았다.

　숙소로 돌아온 그녀는 식사가 차려진 식당으로 갔다. 고급 숙소는 물론 아니었지만, 앞으로 일 년간 지낼 숙소로는 너무 지저분한 감이 없지 않았다. 그리고 알 수 없는 매캐한 냄새는 노인네들 몸에서 나는 그런 종류의 냄새였다. 삶의 의욕을 떨어뜨리는 냄새라고나 할까? 음식이 차려진 식탁은 누런 나무판으로 만들어졌는데, 식탁 위 여기저기에는 알 수 없는 무늬들이 있었다. 그 무늬들은 아마도 음식 찌꺼기들이 식탁 위에 떨어져 오랜 기간에 걸쳐 발효와 부패의 과정을 거쳐서 만들어진 자연의 작품 같았다.

　음식이 입에 맞지 않아 겨우 먹는 둥 마는 둥 하여 모든 것이 불편했지만, 도를 닦으러 온 마당에 그런 것을 신경 쓸 수는 없었다. 숙소 하나만이라도 좀 바꾸고 싶었지만 떠나기 전에 마음이 바뀔까 봐 이미 일 년 치 돈을 다 낸 터라 바꾸기가 그리 쉬울 것 같지 않았다. TV나 전화 등은 이미 사용치 않기로 작정하였으므로 큰 불편은 없었으나 숙소와 음식만은 여간 불편한 것이 아니었다. 오기 전에 좀 더 많이 알아보고 올 걸 그랬다는 후회가 있었다. 간신히 한 일주일을 버티다 보니 그런대로 겨우 견딜 수 있을 것 같기는 했지만, 길거리의 요가 도인들이나 갠지스 강가에 나가서 무엇을 보고 느껴야 할지 아직 생각이 정리되지 않았다.

한 달이 지나자 장 양은 초조해지기 시작했다. 모든 것을 처음부터 다시 생각해 보기로 했다. 과연 여기서 무엇을 보고 느껴야 할 것인가? 인도에 온 목적이 무엇인가? 수많은 갈등이 그녀의 마음을 분열시켰다. 갈등이 생길 때마다 그녀는 갠지스 강가로 나가는 버릇이 생겼다. 역시 갠지스 강은 많은 것을 생각하게 해 주는 강이었다. 수없이 많은 사람, 평생 돈을 모아 이 강에 한 번 오는 것이 소원인 사람들이 여기 갠지스 강으로 와서 강물과 감격의 상봉을 하는 것이었다. 어떤 인도인들은 유언으로 자신이 죽으면 이 갠지스 강에다 유해를 뿌려 달라고 부탁하는 사람도 있다고 하니, 인도 사람들의 갠지스 강에 대한 믿음은 놀랄 만한 것이었다.

상념에 잠긴 그녀의 코에 뭔가 타는 듯한 역겨운 냄새가 들어왔다. '이게 무슨 냄새일까?' 그녀는 그 냄새의 진원이 무엇인지 궁금했다. 어디에선가 맡아 본 약간은 익숙한 냄새였다. 냄새를 따라가 보니 강의 저쪽에서 사람들 몇몇이 둘러앉아 뭔가를 태우고 있는 것 같았다. 냄새의 근원지는 바로 그곳인 것 같았다. 그리고 그 냄새를 전에 어디서 맡았는지도 기억해 낼 수 있었다. '전에'가 아니고 바로 지금, 장 양 자신의 몸이 그 냄새의 근원이었다. 그녀 자신이 먹고 자고 하던 그 집에서 나던 바로 그 냄새, 그래서 그녀의 몸에 배어 있는 냄새가 지금 이곳 갠지스 강가에서 나는 것이었다.

시체를 태우는 냄새였다. 망자의 유언에 따라 지금 그의 유해를 태워 이 갠지스 강물에 떠나보내려는 것이었다. 그녀의 숙소에서 나는 냄새도 농도는 옅었지만, 시체에서 나는 바로 그 냄새였다. 먹은 것이 울컥 올라왔다. 태어날 때부터 지금까지 먹었던 모든 것이 다 올라오는 것 같은 느낌이었다. 모랫바닥에 토사물을 쏟아 놓고 나니 조금은 견딜 수 있을 것 같았다. 일종의 장례식이었다. 쏟아 놓은 토사물 위로 갠지스 강의 파리 떼들이 달려들기 시작했다. 머릿속이 텅 비었음을 느낄 수 있있다.

타들어 가는 망자의 시신을 뒤로하고 그녀는 망자의 시신 냄새가 옅게 배어 있는 방으로 돌아왔다. 방문을 여는 순간, 역시 강가에서 맡았던 그 냄새가 그녀의 코로 살며시 들어왔다. 다시 한 번 뱃속 깊은 곳에 있는 것들이 올라온 후, 며칠 동안 정신이 혼미한 채로 누워 있을 수밖에 없었다.

매일매일 결정과 결단이 필요했지만, 실천에 옮기기로 최종적으로 결정한 것은 육 개월이나 지난 후였다. 귀국하기로 한 것이다. 그렇게 작정하고 나니 마음이 오히려 편해졌다. 인도에 온 후 처음으로 맛보는 편안한 마음 상태였다. 비행기 시간표를 확인하고 몇

몇 후배들과 오랜만에 통화도 하고 나니 한결 마음이 편했다. 물론 처음 일정을 반으로 단축하여 육 개월 만에 귀국한다는 것이 마음에 걸리긴 했으나 인도에서 볼 것은 다 본 것 같은 마음이었다.

공항에 내린 그녀의 몰골은 말이 아니었다. 인도 사람이 다 된 모습이었다. 비쩍 말라 있었다. 고국의 첫 냄새는 향긋한 느낌이었다. 공항 출구에 후배들의 모습이 보였다. 그녀를 보자 기뻐서 그녀에게로 달려오는 모습이 보였다. 그녀를 껴안으며 눈물을 글썽이는 모습을 보니 괜히 미안한 마음이 들었다. 꽃까지 가져온 후배도 있었다. 무슨 개선장군을 맞이하는 듯한 후배들의 모습에 민망해졌다. "선배님. 인도에 갔다 오시더니 뭔가 도를 깨우치고 오신 것 같아요." 호기심 가득 찬 눈초리로 후배가 물었다. "그래?" 그녀가 조용히 되받아 물었다. "정말이에요. 갈 때와는 전혀 다른 느낌인데요. 완전히 달라요." 그 말에 그녀는 아무런 말도 할 수 없었다. '그래, 너희는 내가 인도에서 도를 깨우친 것으로 보이니?'

장 양의 인도행은 성공적인 것은 아니었다. 그녀가 인도에서 본 것은 갠지스 강의 더러운 물과 파리 떼들뿐이었다. 숙소는 더러웠고 물이 제대로 공급되지 않아 불편한 것뿐이었다. 육 개월간 그녀가 한 것은 구역질과 불편과의 싸움뿐이었다. 아무것도 얻은 것은 없었다. 그러나 그녀는 한 가지 확실히 깨달은 것이 있었다. 즉, 인도에는 도가 없다는 것. 그걸 알았으니 확실히 인도는 도를 깨우쳐 주는 곳인가 보다.

*도는 어느 장소로 가면 깨우쳐지는 것이 아닙니다. 매 순간순간 의미와 본질을 생각하면서 치열하게 살아가는 속에서 깨달음을 얻는 것이 바로 도입니다.

## 매맞은 수도승

어느 수도승이 산속에서 삼십 년간 수도하고 나서 세상에 내려왔다. 금욕과 수련으로 바싹 마른 수도승이었지만 두 눈만은 광채가 빛났다. 동네에 내려온 그는 어린 여자아이가 놀고 있는 곁으로 다가가 말했다. "얘야, 내가 너에게 신기한 것 한 가지 보여 줄까?" 그러자 여자아이는 호기심 어린 눈초리로 그를 바라보면서 "네!" 하고 말했다. 수도승이 말했다. "자, 지금부터 내가 보여 주는 것은 아무에게도 얘기해서는 안 된다." 수도승은 다짐을 받고 나서 두 손을 합장한 채로 바닥에 앉았다.

잠시 후 수도승의 몸이 공중으로 붕 떠올랐다. 공중부양 묘기였다. 여자아이는 놀란 얼굴로 수도승을 바라보더니 부엌으로 뛰어들어가 밥과 반찬을 가지고 나왔다. '얼마나 먹지 못했길래 몸이 저렇게 가벼워졌을까?' 하는 생각을 했다.

여자아이가 가져온 밥을 맛있게 먹고 난 수도승은 다시 말했다. "얘야, 나는 멀리 있는 것도 눈앞에 있는 것처럼 다 볼 수가 있단다." 그러자 여자아이가 수도승에게 말했다. "그럼, 우리 아버지가 지금 어디에 계시는지 알아맞혀 보세요." 여자아이가 말하자 수도승은 두 손을 합장하고 다시 자리에 앉았다. 정신을 집중한 수도승은 잠시 후 여자아이에게 말했다. "얘야, 네 아버지가 보이는구나. 네 아버지는 지금 시장에서 사과를 팔고 계시는구나." 이 말을 들은 여자아이는 조용히 광으로 들어가 사과를 꺼내어 수도승에게 갖다 주었다. '수도승이 밥을 먹고 나니 사과를 먹고 싶은 모양이로구나.' 여자아이는 이렇게 생각하고 사과를 가져왔다.

사과를 맛있게 먹고 난 수도승이 다시 말했다. "얘야, 나는 네가 무슨 생각을 하고 있는지 다 알 수 있단다." "그럼 내가 무슨 생각을 하는지 알아맞혀 보세요." 여자아이의 말을 들은 수도승은 합장하고 다시 자리에 앉았다. 잠시 후 눈을 뜬 수도승이 아이에게 말했다. "너는 지금 네 어머니 생각을 하고 있구나?" 수도승이 그렇게 말하자 여자아이는 금방 얼굴이 울상으로 변하더니 방으로 들어가서 나무 막대기를 들고 나왔다. 그리고 그 막대기로 수도승을 때리면서 말했다. "아, 이제야 알겠다. 당신이 바로 우리 엄마를 꼬여서 멀리 데리고 간 그 나쁜 아저씨구나!" 아이는 도망치는 수도승을 계속 따라가면서 막대기로 때리며 말했다. "그렇지 않으면 내가 무슨 생각을 하고 있었는지 어떻게 알았겠어?" 화를 내며 쫓아오는 아이를 피하여 산속으로 허겁지겁 쫓겨 올라가며 수도승은 중얼거렸다. "역시 도를 닦는 게 제일 쉽구나…."

*산속에서 닦은 도는 세상에 내려오는 순간 효력이 없어집니다. 세상을 살아간다는 건 도를 닦는 것보다 어려운 일이기 때문입니다.

## 전쟁터의 수혈 방법

포탄이 비 오듯 떨어지는 전쟁터에서 수많은 병사가 죽거나 다쳐 임시 병원으로 후송되고 있었다. 전투가 예상 밖으로 치열해 부상자의 숫자는 늘어만 갔다. 텐트를 쳐서 임시로 만든 야전 병원에서는 약이며 솜이며 모든 것이 부족했다. 본부에다 의약품 지원을 요청했지만, 약품이 제때에 오기를 기대하는 것은 무리였다. 군의관은 있는 정성을 다해 환자들을 돌보고 자신이 할 수 있는 모든 방법을 동원하여 치료했지만, 병사들은 약품과 간호 부족으로 죽어 가고 있었다.

젊은 군의관은 의사가 자기 한 명밖에 없는 상황에서도 힘들고 어려운 치료도 마다치 않고 정성을 다하여 치료했다. 군의관은 부상당한 병사들을 가능한 한 모두 살려낼 수 있도록 최선을 다하였으나 문제는 수혈할 피가 모자라는 것이었다. 예비로 갖고 있었던 혈액은 이미 동난 지 오래였다. 단지 피만 있으면 간단한 수술을 통하여 살려낼 수 있는 부상병도 많았다.

생각다 못한 군의관은 비상수단을 쓰기로 했다. 배에서 총알만 빼내면 목숨을 구할 수 있는 부상병이 그에게 보내지자 그는 특별한 수혈 장치를 고안하기에 이르렀다. 환자를 긴급히 마취를 시키고 그는 환자의 핏줄에 굵은 주삿바늘을 꽂았다. 그리고 주사기 끝에는 환자를 묶을 때 쓰는 고무호스를 연결했다. 그 호스 끝에 다시 주사기를 연결하게 해 자신의 팔뚝에 주사침을 찔러 놓았다. 그러자 자신의 피가 고무호스를 통하여 누워 있는 환자의 몸속으로 들어가기 시작했다.

즉석 수혈이었다. 혈관을 연결하게 한 군의관은 재빨리 수술을 시행했다. 물론 혈액형은 자신과 같은 형이었다. 부상병의 배에서 총알을 꺼낸 군의관은 실로 즉시 배를 꿰매어 봉합시켰다. 군의관의 이마에 땀이 송골송골 맺혔다.

의약품을 가지고 온 상급 부대의 유엔군들은 젊은 군의관의 이 수술 광경을 보고 숙연해지지 않을 수 없었다. 의사로서 한 생명을 살리기 위한 그의 거룩한 모습은 성인의 경지와도 같은 것이었다.

그의 이러한 노력으로 그 부상병은 목숨을 건졌고 그 이야기를 전해 들은 유엔군은 그의 이야기라면 무슨 이야기든지 다 들어주게 되었다. 그 후, 그는 흥남 철수를 앞두고 중공군에게 포위되어 죽을 수밖에 없었던 우리 피난민들을 유엔군의 군함에 실어 나르도록 하여 십만 명이라는 엄청난 수의 목숨을 살려내는 인류 최대의 위대한 업적을 쌓게 되었다.

*인간은 악마보다 더 추할 수 있지만 천사보다 더 아름다울 수도 있습니다.

## 현명한 재판관

화려한 요트 위에서 어떤 부자의 생일잔치가 벌어지고 있었다. 부자는 자신이 좋아하는 친구들을 자기 소유의 요트에 초대하여 마음껏 술과 음식을 먹게 하였고, 친구들은 부자와 그의 부인의 만수무강을 기원하며 축배를 들었다.

그 요트는 매우 화려하였으며 성능도 우수하고 속도 또한 매우 빠른 것이어서 사람들은 그의 요트에 초대받은 것을 큰 영광으로 여겨 흔쾌히 부자의 생일잔치에 참석하였다. 생일 음식과 술을 가득 실은 요트는 노련한 선원에 의하여 바다 한가운데로 나갔다. 요트에서 부자가 그의 아내와 함께 생일 케이크를 자를 때 친구들은 생일 축하 노래를 부르며 부자의 생일을 축하해 주었다.

모두 술을 한잔 걸치자 이번에는 함께 바다낚시를 하기로 하였다. 준비된 낚싯대를 바다에 담그자마자 커다란 물고기들이 끝없이 걸려 올라왔다. 그러나 그 시간, 기관실에서는 작은 사건이 일어나고 있었다. 기관실 창고에 쌓아 둔 도수 높은 고급 술병이 파도에 부딪혀 넘어지면서 엔진으로 흘러들어 가 엔진에 불이 붙기 시작한 것이다. 불은 곧 옆에 있던 술병 상자로 옮겨붙더니 이내 연료통으로 옮겨붙어 연료가 연속적으로 폭발하면서 삽시간에 배 전체로 옮겨붙고 말았다.

당황한 선원은 자신의 몸에 불이 붙자 갑판으로 뛰어 올라와 바다로 날쌔게 몸을 던졌다. 사람들은 불길이 번지고 있는 배 위에서 어쩔 줄 모르고 쩔쩔맸다. 술을 많이 먹어서 정신이 없는 가운데 구명대도 구할 틈 없이 바다로 뛰어내렸다.

바다에 뛰어든 선원은 간신히 자기 몸 하나를 겨우 지탱할 수 있는 널빤지를 하나 발견해 그것에 의지하여 겨우 목숨을 건질 수가 있었으나 다른 사람들은 모두 물에 빠져 죽은 것 같았다. 그때, 부자의 부인이 있는 힘을 다하여 선원에게로 헤엄쳐 오고 있는 것이 보였다. 선원은 매우 난처했다. 몸이 뚱뚱한 부자의 부인과 함께 널빤지를 잡게 되면 결국은 둘 다 죽을 수밖에 없는 상황이었다.

부인은 고민할 틈도 없이 죽을힘을 다해 선원 쪽으로 헤엄쳐 왔다. 널빤지를 부인에게 양보하자니 자신이 죽을 것 같고 부인을 밀쳐 내자니 그건 살인행위나 마찬가지였다. 선원은 가까이 다가온 부인에게 손을 내밀었다. 그러자 부인은 '살았구나.' 하고 안도하는 표정이 역력했다. 그때였다. 선원이 주먹으로 부인의 뒷머리를 내리쳤고 불의의 일격을 당한 부인은 그대로 기절하고 말았다.

선원은 기절한 부인을 뒤로 눕히고 코를 하늘로 향하게 한 후 부인의 몸을 물에 뜨게 하였다. 부인이 기절한 채로 숨을 쉴 수 있도록 한 후, 한 손으로는 부인의 머리를 받치고 다른 한 손으로는 널빤지를 잡은 채 발로 수영을 하기 시작했다. 두 시간 이상 사투를

벌인 끝에 선원과 부인은 지나가는 배에 구조되어 겨우 목숨을 구할 수 있었다.

남편을 잃은 부인은 남편의 많은 유산을 상속받았으나 바다에 빠졌을 때 자신을 때렸던 그 선원의 행위가 아무리 생각해 봐도 괘씸하기 그지없었다. 부인은 많은 돈을 들여 변호사를 사서 그 선원의 폭력 행위를 처벌해 주도록 법원에 고소장을 제출했다.

피고석에 앉은 선원에게 재판장이 말했다. "당신이 저 부인을 때린 사실을 인정합니까?"

그러자 선원은 고개를 끄덕이며 "네, 인정합니다." 하고 말했다. 부인의 입가에서 미소가 흘러나왔다. 재판장이 말했다. "피고가 죄를 인정하므로 재판은 아무런 지장이 없을 것 같군요." 재판장은 원고인 부인과 피고인 선원을 내려다보며 말했다. "사건은 매우 간단한 것이군요. 내일 정오에 그 사건이 일어났던 장소에서 판결을 내리도록 하겠습니다."

그러자 부인이 어리벙벙한 얼굴로 재판장에게 말했다. "아니, 그

지겨운 바다로 다시 가자는 말씀입니까?" 그러자 재판장이 말했다. "그렇지요, 이 일은 원상태대로 되돌려 놓기만 하면 양측 아무도 불만이 없을 것 같습니다. 그러니 내일 정오에 배를 타고 사건이 일어났던 그 장소로 돌아가서 부인께서 선원에게 널빤지를 하나 주고 바다에 뛰어내리게 하고, 부인께서는 그 당시 모습 그대로 바다에 뛰어내리시면 되지 않겠습니까?"

그 말을 들은 부인은 얼굴이 새파랗게 질리며 모기만 한 목소리로 재판장에게 말했다. "재판장님, 제가 잘못했습니다. 이 재판의 고소를 취하하겠습니다." 말을 마친 부인은 쏜살같이 재판장을 빠져나갔다.

*모든 일을 법으로 해결하려는 사람은 인간으로서 가치가 없는 사람입니다.

# 철강왕 카네기의 약속

철강왕 카네기에게 신출내기 기자가 찾아왔다. 그가 어떻게 부자가 되었는지 취재를 왔다. 카네기는 그에게 질문했다. "기자로서 알고 싶은가? 개인적으로 알고 싶은가?" 그러자 기자가 말했다. "개인적으로 알고 싶습니다."

카네기는 책상 서랍에서 뭔가 적혀 있는 종이를 꺼내어 그에게 주며 말했다. "여기에 있는 507명의 이름은 현재 모두 성공한 사람들의 이름일세. 이들에 대한 모든 것을 취재하여 정리해 주게. 그러면 내가 당신을 백만장자로 만들어 주지." 카네기에게 이름과 직업이 적힌 종이를 받아든 신출내기 기자는 얼떨떨하여 그를 쳐다보았다. 그러자 카네기가 그에게 말했다. "아! 단, 시간은 얼마든지 줄 테니 해 줄 수 있겠나? 지금 바로 대답해 주게." 기자는 카네기에게 그렇게 하겠다고 약속을 하고 그 대신 연구가 끝나면 자기를 반드시 백만장자로 만들어 달라는 부탁도 잊지 않았다.

카네기에 냉난을 받은 기사는 한 사람 한 사람씩 그 냉난에 석혀 있는 사람에 대해 인터뷰와 연구를 계속하며 자료를 정리해 나가기 시작했다. 연구하면 할수록 그는 성공한 사람들에게는 반드시 '성공할 수밖에 없는 이유'들이 있음을 발견했다. 그는 연구된 자료들을 모아 체계적으로 정리하여 '성공에 이르는 13단계의 행동법칙'을 완성하였다. 오랜 시간이 지난 후, 그는 다시 카네기를 찾아갔다.

"그래, 내가 부탁한 연구는 완성되었나?" 그러자 그 기자가 말했다. "당신이 부탁한 모든 연구는 이미 마쳤습니다. 그리고 당신이 약속했던 그 선물도 이미 받았습니다." 기자는 신문사를 그만두고 강연과 사업을 하여 이미 백만장자가 되어 있었다.

몇 년 후, 대공황으로 많은 사람이 하루아침에 알거지가 되었다. 기자와 그의 친구 두 명도 모두 빈털터리가 되고 말았다. 부모에게 막대한 유산을 물려받아 사업하던 기자의 친구 두 명 중, 한 명은 높은 빌딩에서 뛰어내려 자살하였고 다른 한 명은 다리 위에서 뛰어내려 물에 빠져 죽고 말았다.

그러나 그는 그 이후 십 년 동안 절치부심하며 노력한 결과 이전보다 더 큰 부자가 되었다. 기자는 운이 좋아 성공한 것이 아니라 성공하는 방법을 알고 있었기 때문에 다시 일어설 수 있었다. 그 기자의 이름은 '나폴레옹 힐'이다. 1970년, 88세를 일기로 세상을 뜨기 전까지 그는 수많은 사람에게 성공의 철학과 그 방법을 가르쳐주어 많은 사람을 성공의 길로 이끄는 데 앞장섰다.

♡ *성공에는 방법이 있습니다. 성공하는 방법을 찾으려는 노력 자체가 성공의 방법입니다.

## 항상 외로웠던 여자

항상 외로웠던 여자가 있었다. 그녀는 아버지의 얼굴을 본 적조차 없었고 그녀의 어머니도 일곱 살 되던 해에 정신병원으로 들어가 버려 그녀는 보육원을 전전하며 살았다. 열 살 되던 해, 그녀는 어느 가정으로 입양되었는데 그 집에서 그녀는 성폭행을 당하기도 했다.

이후, 엄마의 친구 집에 얹혀살게 된 그녀는 양부모가 이사하게 되자 다시 보육원으로 들어갈 수밖에 없게 되었다. 보육원으로 다시 들어가기 싫었던 그녀는 열여섯 어린 나이에 이웃에 사는 자동차 정비공에게 떠밀리듯 시집을 가게 되었다.

아무런 사랑의 감정도 없이 생활의 방편으로 결혼하게 된 그녀는 항상 외로웠지만, 남편이 군대에 가게 되자 오히려 마음이 편해졌다. 남편을 해외 근무지로 떠나보낸 그녀는 공장의 페인트공으로 취직하게 되었는데 거기서 그녀는 그 공장의 노동자로 일하면서 사진 모델 노릇도 겸하게 되었다.

사진을 찍어 주는 사진작가의 청으로 그녀는 가끔 이상한 자세도 취해 주곤 했다. 그럴 때마다 그녀는 몇 푼의 모델료를 더 받을 수 있어서 생활비로 요긴하게 쓸 수 있었다. 자신의 육체적 매력에 눈 뜬 그녀는 작가의 과감한 노출 요구에 응하면서 한편으로는 자신에 대해 처음으로 관심 있게 봐준 그 사람에게 호감을 느끼게 되었다. 그 이유 때문인지 사진과 영화에 관해 관심을 두기 시작했다.

옷을 많이 벗고 외설스럽게 찍은 사진 모델에 대해 사람들의 관심이 높아지자 영화사에서 모델인 그녀에게 대사 한 마디짜리 엑스트라 일을 맡겨 주었다. 한 마디짜리 대사의 엑스트라 일이었지만 그녀는 열심히 연기했다. 그러나 알아주는 사람이 없어 그녀는 결국 일 년 만에 엑스트라 일을 잃고 말았다. 남편과 이혼한 직후라 먹고살 방편이 없었던 그녀는 다시 사진작가를 찾았고, 작가의 요구에 따라 옷을 하나도 걸치지 않은 나체 사진을 찍기에 이르렀다. 이 사진은 매우 대담한 모습이어서 이 사진이 실린 달력은 많은 판매 부수를 기록했지만, 그녀에게 돌아오는 수입은 사진을 찍었을 때 받았던 출연료밖에 없었다.

얼마 후, 영화 관계자의 눈에 들어 조연급의 자리를 따내면서 그녀의 연기력은 서서히 늘어갔지만, 이전에 누드모델 일을 했던 사실이 드러나면서 그녀는 위기를 맞게 되었다. 그러나 그녀는 기자들을 찾아다니며 당시의 절박했던 사정과 자신의 처지를 있는 그대로 이야기하며 이해와 용서를 구했다. 그녀의 불행했던 과거가 밝혀지면서 어쩔 수 없이 누드모델 일을 한 것에 대한 동정의 여론이 일기 시작했다. 그 사건은 사람들로 하여금 오히려 그녀에 대한 많은 관심을 불러일으켰고, 그녀의 누드모델 일은 어쩔 수 없는 환경에서 있었던 일로 용서되었다.

이후, 아무런 방패가 없음을 느낀 그녀는 인기 야구 선수가 청혼해 오자 곧바로 결혼하였다. 그녀의 두 번째 결혼이었다. 결혼생활은 잠시 행복해 보이는 듯했으나 자신을 혼자 내버려두고 전국을 돌며 야구를 해야 하는 남편에게서 그녀는 아무런 안정감을 찾을 수 없었다. 결국, 그녀는 다시 이혼하게 되었다.

그즈음 그녀가 출연한 영화가 그녀의 육체적인 매력으로 인하여 연속적으로 히트하게 되었고 그녀는 최고 인기 여배우가 되었다. 그러나 어린 시절부터 자신의 외로운 마음을 받아 줄 사람을 찾지 못한 그녀는 이 남자 저 남자를 거치면서 방황을 하기 시작했다.

그러다가 아버지같이 마음이 넓은 유명 작가를 만나 마음의 안정을 찾으려고 결혼까지 하며 아이를 낳으려고 노력했으나 두 번의 유산으로 결혼은 깨어지고 말았다. 아이 갖기를 간절히 원했던 그녀였지만 잦은 낙태 수술로 인하여 그녀의 자궁은 아이를 낳을 수 없는 지경까지 이르게 되었다.

갖고 싶은 것은 아무것도 가질 수 없었던 그녀는 수많은 남자와 함께 다니며 남성 편력을 쌓았지만, 그녀의 외로움은 채워지지 않았다. 남자들은 모두 그녀의 풍만한 가슴과 엉덩이 에만 관심이 있었을 뿐, 그녀의 외로운 마음 따위에는 아무 관심이 없었다. 그녀는 유명 배우, 대통령 형제, 외국의 국가 원수 등과도 염문을 뿌렸고, 그녀 주변에 있는 작가, 기자, 종업원, 택시 운전사 등을 닥치는 대로 파트너로 삼아 육체적 사랑을 불태웠지만, 누구도 그녀를 만족하게 할 수는 없었다.

1962년 어느 날, 그녀는 침대 위에서 빈 약병을 손에 쥔 채 의문의 죽음을 맞게 되었다. 그녀의 죽음을 놓고 자살설과 살해설 등, 의견이 분분했으나 그녀는 감기 때문에 약을 먹은 후, 다시 독한 술을 마셔 알코올과 감기약이 상승 작용을 일으켜 죽은 것으로 판명되었다.

그녀가 항상 부르짖던 "단 한 번도 행복해 본 적이 없었다."는 그녀의 말은 유언과도 같았다.

항상 외로웠던 여자, 그러나 영화 속에서는 항상 즐거워 보였던 여자, 그녀의 이름은 마릴린 먼로였다.

♥ *성공한 것처럼 보이는 사람 중에는 치명적인 문제가 있는 사람이 많습니다. 진정한 성공은 남들의 인정으로 되는 것이 아니라 자기 자신이 스스로 인정할 수 있을 때 이루어지는 것입니다.

광고의 귀재

광고계에서 최고의 실적을 올리는 사나이가 있었다. 아무리 시시한 상품이라도 그의 손을 거쳐서 광고가 나가기 시작하면 매출이 껑충 뛰는 것이었다.

돈 많은 재벌 회사에서 그를 놓칠 리 없었다. 새로운 화장품 회사에서 그는 거액의 돈을 받고 모든 광고의 총책임자로 전격 스카우트되었다. 그의 임무는 새로 출시되는 화장품의 상표 이름과 효능을 소비자들에게 확실히 알리는 것이었다.

새로운 화장품의 이름과 그에 어울리는 모델이 결정되었다. 소비자의 취향 변화에 맞춰 새 화장품의 효능을 구체적으로 알리는 광고가 가장 효과가 있을 것으로 판단되었다.

그러나 화장품의 성분을 아무리 조사해 봐도 피부에 뚜렷하게 효능을 나타내 주는 성분은 없었다. 확실하게 피부 개선 효능이 있는 성분이 있긴 있었으나 함량이 너무 적어서 피부에 구체적으로 효과를 낼 수 있을지는 미지수였다. 그 성분이 그렇게 적을 수밖에 없는 이유는 그 성분이 워낙 비쌌기 때문이었다.

고민을 하던 그는 결단을 내렸다. 바로 그 성분을 광고의 전면에 부각하는 작전이었다. 아무리 극미량이 있더라도 화장품 안에 분명히 그 성분이 있기는 있는 것이었다. 그리고 그 성분의 효과는 의학적으로나 생화학적으로나 효과가 뚜렷한 것이었다.

단, 그 성분의 분량이나 무게는 광고나 화장품 용기에 아주 작게, 그리고 단위는 물리학이나 화학에서 쓰이는 용어를 사용하여 표시하기로 했다. 피코그램이나 나노그램이라는 등의 용어는 소비자들이 구체적인 내용을 알 수 없는 전문 용어들이었다. 광고물은 그의 작전대로 무사히 제작되었다.

  신제품이 출시되고 엄청난 광고가 매스컴을 통하여 매일매일 터져 나왔다. 재벌 회사가 처음으로 화장품 업계에 진출하는 것이라 사람들의 관심은 매우 높았다. 그의 전략대로 그 성분의 효과와 피부에 미치는 작용 등이 컴퓨터 그래픽의 현란한 영상으로 표현되어 TV를 누볐다. 피부과 의사들은 그 성분이 생화학적으로 이미 검증된 탁월한 성분임을 좌담 프로나 신문 기사를 통하여 증언해 주었다. 그러나 아무도 그 화장품이 어느 정도의 효과를 낼 수 있는지, 얼마만큼의 성분이 들어 있는지에 대해서는 관심을 두지 않았다.

  광고는 대성공을 거뒀고 화장품은 날개 돋친 듯이 팔려 나갔다. 그리고 그해의 최우수 화장품으로 선정되어 그는 두둑한 연말 보너스도 받을 수 있었다. 뒤이어 그 상품의 청소년용과 남성용의 신제품이 출시되었다. 그 제품들 역시 큰 성공을 기록했다. 물론 광고는 앞 상품의 전략이 세대의 감각에 맞게 각색되어 채용되었고, 역시 그 성분의 효능이 대대적으로 선전되었다.

몇 년이 지난 후 그는 성인병으로 시달리게 되었다. 언제부터인가 배에 지방이 끼고 배가 나오기 시작하더니 혈압이 점점 높아지기 시작했다. 혈압을 낮추려고 좋다는 약이란 약은 다 먹어 봤지만, 그때뿐 혈압은 좀처럼 떨어지지 않았다.

새로 출시된 혈압 특효약에 마지막 희망을 걸어 보았으나 육 개월이 지나도 혈압은 별로 개선되는 기색이 보이지 않았다.

매스컴을 통하여 그 효과가 널리 알려진 신약이라 그도 크게 기대를 걸었지만, 그의 체질과는 잘 안 맞는 모양이었다. 드디어 그의 마지막 희망도 모두 사라져 버리고 말았다. 이제 남은 길은 죽을 때까지 혈압을 강제로 내리게 하는 혈압 강하제를 복용하는 길밖에 없었다. 건강은 이제 물 건너간 것이다. 몸이 불편해지니까 매사에 의욕이 떨어지고 후배들과의 경쟁에서도 밀리는 것 같았다.

그러나 그의 광고 기법을 고스란히 전수받은 그의 후배들은 광고계를 주름잡는 인재로 인정을 받아 약품 업계로 대거 스카우트되어 눈부신 활약을 할 수 있었다. 오늘도 그의 후배들은 지난번에 히트

한 혈압 특효약의 효능과 약효에 대한 새로운 각도의 광고 전략 수립에 의욕을 불태우고 있다. 이런 사실을 모르는 그가 그런 약을 먹었으니 병이 나을 리가 있겠는가? 광고란 이런 것일지도 모르는 일이다.

*광고와 사기와의 관계는 유전자가 98퍼센트 같은 인간과 원숭이와의 관계와 같습니다.

# 바이올리니스트와 대통령

바이올리니스트 김지연 씨가 백악관에 초대를 받아서 연주하러 갔을 때의 이야기다. 대통령의 연설이 끝나고 미모의 바이올리니스트 김지연 씨가 오늘의 초대 연주자로 소개되었다. 바이올린을 들고 무대 위에 오른 김지연 씨는 청중들을 한 바퀴 둘러보았다. 거기에는 대통령 클린턴을 비롯하여 고어 부통령과 행정부의 지도자들이 모두 모여 있었다.

기분이 좋아진 그녀는 바이올린을 어깨에 올려놓고 그날의 레퍼토리를 연주하려고 준비를 했다. 무대 위이 바이올린 연주지를 지켜보던 대통령과 부통령 등, 백악관 관계자들은 그녀가 어떻게 연주를 할 것인지 궁금해하며 그녀를 올려다보았다. 이미 그녀의 연주 솜씨가 훌륭하다는 이야기를 전해 들은 터라 그녀에 대한 호기심은 더욱 높아만 갔다. 게다가 그녀는 동양인으로는 드물게 뛰어난 미모를 가진 여자가 아닌가!

그녀가 막 바이올린을 켜려는 순간, 아무래도 무대 위에 있는 연단이 마음에 걸렸다. 음악과는 전혀 관계가 없는 연단이 무대 위에 놓여 있다는 것이 계속해서 감정을 내기에는 걸림돌이 될 것 같다는 생각이 들었다. 연설이 끝날 때 미리 그 연단을 들어내 치웠어야 했는데 식이 계속 이어지다 보니 미처 치우지 못했다.

그녀는 잠시 연주 자세를 풀고 주위를 둘러보았다. 혹시 자신을 도와줄 무대 관계자라도 있나 해서였다. 그녀가 잠시 연주 자세를 중지하고 무대 위에서 두리번거리자 연단 아래에 있던 청중들은 그녀가 왜 연주할 생각을 포기하고 그런 이상한 태도를 보이나 하며 그녀를 쳐다보았다. 무대 관계자가 주위에 없다는 것을 안 그녀는 무대 위에서 조그만 소리로 주위 사람들에게 외쳤다.

"누가 여기 이 연단 좀 치워 주세요."

그러자 대통령 클린턴과 부통령 고어가 용수철처럼 튀어나오더니 무대 위에 있는 연단을 번쩍 들어 씩씩하게 아래로 운반하여 내려놓은 후 다시 제자리에 앉았다. 사람들은 그 모습을 보고 모두 조용한 미소를 머금었다.

젊고 싱싱한 대통령이었기 때문이라기보다는 진정으로 예술을 사랑하는 마음이 가득 찬 대통령이었기 때문에 그런 순발력 있는 행동이 나온 것이 아닐까?

*인간이 동물과 다른 점은 예술의 가치를 알아보고 아름다움을 느낀다는 것입니다.

## 순대 재벌 이 할머니

이 할머니는 찢어지게 가난한 집안에서 태어났다. 처녀 시절 입을 하나 줄이기 위해 시골 한 동네의 머슴 사는 박 씨에게 시집온 이 할머니는 박 씨가 몸이 아파 앓아눕자 어린 세 아이를 먹여 살리기 위해 일이란 일은 닥치는 대로 다 하며 아이들을 굶기지 않으려고 애썼다. 박 씨가 병으로 죽자 그녀는 살길을 찾아 대도시 변두리로 나가 삯바느질이며 허드렛일 등 가리지 않고 하면서 아이들을 굶기지 않으려고 발버둥 쳤다.

전쟁이 끝난 지 얼마 안 되는 때라 일거리도 마땅치 않았지만 세

아이 끼니 거르지 않고 먹이는 것이 그녀의 삶 전부였다. 그녀가 그렇게 열심히 일했지만, 아이들은 항상 배가 고파 보채곤 했다. 한때는 재취 자리라도 얻어 부잣집으로 시집을 갈까 생각도 해 보았으나 어린 자식들을 고아로 내버려두고 자기 혼자만 배불리 먹겠다고 시집을 갈 수는 없는 노릇이었다.

그런 그녀였지만 인정이 많고 착해서 님의 어려운 일은 마다 않고 도와주었고 또 대가도 바라지 않았다. 이사 온 동네에는 전쟁 때 북에다 남편을 두고 친정에 잠시 내려왔다가 오도 가도 못하게 된 할머니가 한 분 계셨는데, 마음씨 착한 그녀는 이 할머니를 자기 어머니 모시듯 정성을 다해 모시고 아프거나 기운이 없으실 때마다 꼭 할머니 집을 방문하여 밥도 해 드리고 몸도 주물러 드리곤 했다. 고향 생각이 나서 할머니가 눈물을 흘리실 때면 그녀도 죽은 남편과 고향을 생각하면서 함께 울어 주었다. 그러면서도 그녀의 마음 속에는 항상 아이들을 배불리 먹이는 방법이 없을까 하는 궁리뿐이었다.

그러던 어느 날 할머니의 집이 무허가로 헐리게 되어 할머니가 갈 곳이 없게 되자 그녀는 할머니를 자기 집에다 모시기로 작정했다. 좁은 방 하나에 다섯 식구가 이불을 펴고 드러누우면 몸과 몸이 부딪혀 잠을 이룰 수 없을 정도였다. 그러나 동사무소에서 할머니 앞으로 밀가루 한 포대가 나오게 되어 식구들의 배고픔은 그만큼 덜 수 있었다. 할머니는 몸이 안 아프실 때는 아이들 밥도 차려 주고 김치도 담가 주는 등, 음식 만드는 솜씨가 좋으셨다.

하루는 할머니가 정육점에서 돼지 내장을 공짜로 얻어 오셨다. 할머니는 거저 얻어오신 돼지 내장으로 고향에서 만들어 잡수시던 순대를 만드셨다. 오랜만에 별식을 먹게 된 아이들은 뛸 듯이 기뻐하며 할머니가 만들어 주신 그 많은 순대를 눈 깜짝할 사이에 다 먹어 치웠다. 그녀는 그런 할머니가 너무나 고마웠다. 일찍 돌아가신 어머니를 보는 것 같았다. 할머니는 시간이 날 때마다 아이들을 위하여 돼지 내장을 얻어다 순대를 만들어 주시곤 하셨다. 그런 날은 아이들에게는 생일 이상의 즐거운 날이었다. 할머니가 만들어 주신 순대는 맛이 고소하고 담백해서 따끈따끈할 때 먹으면 그야말로 언제 목구멍으로 넘어갔는지 알 수 없을 정도로 맛이 좋았다. 가끔 그녀는 할머니와 함께 순대를 만들며 순대 만드는 법을 배우곤 했다.

그렇게 순대를 잘 만들어 주시던 할머니가 어느 날 감기 기운이 있으시다며 자리에 누우신 지 사흘 만에 그만 눈을 감으시고 말았다. 그녀에게는 청천벽력과 같이 슬픈 일이었다. 할머니의 상례를 치르는 그녀의 마음은 부모님이 돌아가신 것 같이 슬프고 외로웠다. 할머니가 계시지 않게 되자 그녀는 할머니 생각이 날 때마다 할머니가 만들어 주셨던 순대를 만들어 아이들과 함께 맛있게 먹곤 했다. 순대를 먹을 때마다 할머니의 따뜻한 마음씨가 느껴지는 것 같았다. 할머니 생각에 목이 메어 눈물이 날 때도 있었다.

그녀가 순대를 만드는 날이면 그녀는 조금 넉넉히 만들어서 이웃집에 돌리기도 했다. 모두가 어려운 시절이라 순대 선물은 최고의 인기였다. 조금 여유가 있는 어느 집에서는 환갑을 맞으신 할아버지가 어쩌다 한 접시 들어온 순대가 양에 차지 않으셨는지 아예 돈을 주고 잔치 음식으로 순대 한 광주리를 주문하여 먹기도 했는데, 그날 여러 음식 중 순대가 제일 먼저 동이나 순대가 모자라기까지 했다.

그녀의 순대 소문은 온 동네에 퍼져 동네 사람들은 특별한 날이 되면 반드시 그녀에게 순대를 주문하여 먹곤 했는데, 그 순대를 먹으려고 동네잔치가 있는 날이면 사람들이 이전보다 더 많이 몰리는 것이었다. 순대를 자주 만들다 보니 어쩌다 양을 가늠하지 못해 남는 순대는 시장 입구에 내다 팔기도 했다. 시장에 내다 파니 돈벌이도 되고 좋았다. 매일 나오지 않고 어쩌다 나오다 보니 시장 사람들은 그녀가 시장에 나오는 날이면 얼른 뛰어와서 순대를 사 먹었는데, 순식간에 동나는 바람에 헛걸음을 치는 사람이 더 많았다. 그럴 때면 그녀는 미안해서 어쩔 줄을 몰랐다. 그리고 다음에 시장에 나올 때면 좌판을 벌이기 전에 미리 그 가게 앞으로 지나오면서 "순대 왔어요!" 하고 외쳐 주곤 했다.

순대 소문이 온 시장에 퍼지자 그녀는 매일 한 광주리씩 순대를 만들어서 나왔다. 그녀가 매일 한 광주리씩 순대를 가지고 나오면 주변에 있는 상인들은 점심으로 순대를 대용하는가 하면 간식으로 꼭 순대를 먹어야 직성이 풀린다는 사람도 있었다. 순대 인심도 후해서 한 광주리를 만들어서 나오면 한 시간도 못 되어 바로 동났고 헛걸음치는 사람도 많았다. 그 한 시간은 바로 그녀가 순대를 칼로 써는 시간이었다.

얼마 안 돼 할 수 없이 그녀는 한 광주리를 더 만들어서 나왔다. 그래도 손님은 줄지 않았고 점점 늘어만 갔다. 순대가 도착하는 오전 열한 시쯤 되면 미리 와서 기다리는 사람들도 있었다. 손님들은 그녀가 광주리를 머리에 이고 좌판으로 오면 함께 광주리를 내려 주며 순대를 사 먹곤 했다. 순대의 맛은 예전에 할머니가 돌아가시기 전에 만들어 주었던 바로 그 맛이었다.

시장 상인들 가운데에는 이북에서 내려온 사람들도 많았는데, 그녀가 만들어 온 순대의 맛이 이북의 고향에서 먹던 바로 그 맛이라고 좋아들 하였다. 그러나 처음 순대를 먹어 본 사람들도 순대의 고소하고 담백한 맛에 모두 반하는 것이었다. 순대 소문은 시장 주변의 각종 사무실과 회사 등에도 많이 알려져 직원 회식이나 오후 간식용으로 전 직원이 먹을 수 있는 분량의 순대를 사 가기도 했다. 그런 날은 자연 순대가 다른 날보다 더 일찍 떨어져 조금 늦게 순대를 먹으러 온 손님들은 발길을 돌려야 했다. 할 수 없이 그녀는 한 광주리 더 순대를 만들어서 나오기로 했다. 그러나 한 광주리를 더 만들어 나왔어도 순대가 떨어지는 시간에는 변함이 없었다.

이렇게 해서 순대는 하루에 다섯 광주리나 팔리게 되었다. 다섯 광주리 이상은 도저히 힘에 부쳐 그녀 혼자 만들어 나를 수가 없었다. 잠도 제대로 못 잔 채 눈코 뜰 새 없이 순대를 만들고 나서 순대 광주리를 머리에 이고 시장으로 향해 기다리고 있던 손님들에게 순대를 썰어 주고 돈을 받는 동안 한시도 쉴 틈이 없었지만, 그녀는 너무나 행복했다. 이것이 다 돌아가신 그 할머니 덕이라 생각하니 새록새록 고마웠고, 살아 계실 때 좀 더 잘 해 드리지 못한 것이 못내 미안했다.

그렇게 순대 장사를 몇십 년 하다 보니 그녀 앞으로 자그마한 빌딩 두 채, 조그만 가게 하나, 번듯한 집 한 채가 남게 되었다. 아이들도 모두 대학 공부까지 다 시키고, 큰딸은 시집가서 그녀의 순대 만드는 일을 도와주며 함께 생활하였다. 은행에 통장도 이십 개나 갖고 있었지만, 그녀의 즐거움은 틈이 날 때마다 순대를 만들어 경로당에 가지고 가 불쌍한 할아버지 할머니들에게 순대를 대접해 드리며 기뻐하는 모습을 보는 것이었다.

오갈 데 없는 할아버지 할머니들을 보면 그녀는 꼬박꼬박 용돈도 챙겨 드리고 말동무도 해 드렸는데, 그녀가 자기 어머니 아버지로 모시는 노인의 수는 무려 오십 명이 넘었다. 시장 사람들은 이제는 할머니가 다 된 그녀를 볼 때마다 '순대 재벌'이라고 부르며 항상 그녀의 순대가 오기를 기다리며 사는 것이 즐거움이 되었다.

그녀가 이렇게 순대 재벌로 통할 정도로 인생에서 성공한 비결은 남을 불쌍히 여기는 마음과 어려운 사람을 발 벗고 나서서 도와주는 따뜻한 마음씨 때문이라는 것을 시장 사람들은 다 알고 있었다.

그리고 사람들은 그녀가 항상 인정이 많고 착하게 살아서 돌아가신 할머니가 복을 내려 주셨다고 말했다.

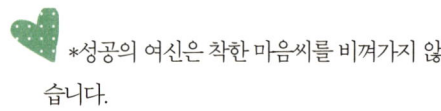

*성공의 여신은 착한 마음씨를 비껴가지 않습니다.

# 포장마차와 분식집

이름난 여자 대학교 앞에 분식집이 하나 있었다. 여기서는 라면, 떡볶이 등, 학생들이 부담 없이 먹을 수 있는 음식들을 팔고 있었다. 나름대로 맛이 있어서 학생들은 배가 출출해지면 가끔 이 가게에 들러 끼니를 때우곤 했다. 장사는 여대 앞이라 그런대로 되는 편이었지만 문턱이 닳도록 잘되는 것은 아니었다.

그러던 어느 날, 분식집 앞에 포장마차 하나가 들어섰다. 포장마차에서는 튀김류를 팔았는데 지나가던 여학생들은 호기심에 포장마차에서 튀김을 사 먹곤 했다. 분식집 주인으로서는 그 포장마차가 여간 신경이 쓰이는 게 아니었다. 자신들이 벌 돈을 코앞에 있는 포장마차가 빼앗아 가는 격이었다. 그렇다고 분식집의 매출이 급격히 떨어지는 것은 아니어서 그런대로 참고 넘어가기는 했지만, 뒷맛이 영 개운치가 않았다.

자신도 튀김을 추가해서 만들어 팔아 볼까도 생각해 보았다. 튀김 만드는 것은 사실 별거 아니었다. 그냥 넓은 솥 하나만 더 걸면 되는 일이었다. 그렇게 여러 생각을 하는 사이 문 앞 포장마차에는 지나가던 여학생들이 들러 그 자리에서 간장에 튀김을 찍어 먹기도 하고 종이봉투에 싸 가기도 했다. 들어선 지 얼마 되지 않았는데도 장사는 쏠쏠하게 되는 것 같았다.

분식집 주인으로서는 도저히 참고 있을 수만은 없었다. 일단 음식의 맛을 앞에 있는 튀김보다 더 맛있게 해야 할 필요를 느꼈다. 그래야만 경쟁에서 이길 수 있었다. 서비스 또한 포장마차보다 더 나아야 했다. 그러려면 손님들에게 좀 더 친절해야 할 필요가 있었다. 서비스와 맛을 개선한 관계로 손님은 예전보다 조금 느는 듯했으나 결국은 자신의 손님을 문 앞에 있는 포장마차가 다 빼앗아 가는 것이었다. 분식집에 들어오려다가도 견물생심이라고 눈앞에 있는 튀김을 보면 학생들은 "뭐, 거기까지 들어가니? 여기서 그냥 때우자." 하면서 분식집까지 들어오지 않고 문 앞 포장마차에 주저앉고 마는 것이었다.

참다못한 분식집 주인은 포장마차 주인에게 문 앞에서 마차를 치워 달라고 요구했다. 그러나 주인은 "예, 예." 하면서도 치울 기색을 전혀 보이지 않았다. 몇 차례 더 요구했지만, 포장마차 주인은 귓등으로 듣는 둥 마는 둥 하는 것이었다. 세금 한 푼 안 내고 남의 가게 앞에서 손님을 빼내 가는 포장마차가 괘씸하기 짝이 없었다.

주인은 드디어 결단을 내렸다. 구청 식품위생과로 찾아가 정식으로 민원을 제기했다. 남의 가게를 막고 장사를 하는 포장마차를 즉시 철거해 달라고 신고서를 접수했다. 신고를 받은 구청 측에서는 며칠 후 경찰과 함께 학교 앞으로 나와 거기 있던 모든 포장마차를 다 철거해 버렸다. 조금 안된 일이기는 했으나 분식집 주인으로서는 앓던 이를 뽑아 버린 기분이었다.

　며칠이 지나자 그 효과는 금방 나타났다. 학생들이 몰려오는 것이었다. 주인은 마음속으로 자신의 결단이 잘한 일이라고 생각하며 쾌재를 불렀다. 그러나 삶의 터전을 잃은 포장마차들은 분식집 쪽이 아닌 다른 쪽 골목으로 다시 모이기 시작했다. 그러자 음식 상권이 다른 골목 쪽으로 형성되기 시작했고 얼마 지나지 않아 그 골목은 완전히 먹자골목이 되어 버리고 말았다.

　학생들은 배가 고프면 모두 새로 조성된 먹자골목으로 몰려가는 것이었다. 그쪽에 원래 있었던 다른 가게들도 덩달아 잘되기 시작했고, 포장마차들도 먹거리 별로 다 장사가 잘 되었다.

　자연 분식집 쪽으로는 손님들이 뜸하게 되었다. 장사도 예전 같지 않았다. 육 개월이 지나자 매출이 절반으로 뚝 떨어져 버렸다.

　집세에다 종업원 월급을 도저히 당할 수가 없었다. 일 년이 지나자 옆의 가게는 음식 장사를 포기하고 옷 장사로 바꾸어 버렸다. 그렇다고 옷 장사가 잘 되는 것 같지는 않은 눈치였다. 분식집 주인으로서는 생전 옷 장사는 해 보지 않은 것이라 모르는 분야로 전업할 수도 없는 처지였다. 이러지도 저러지도 못하는 입장이 되어 버리고 말았다. 그제야 분식집 주인은 자신의 판단이 잘못되었음을 깨닫게 되었다. 그러나 이미 모든 것은 지나간 후였다.

*많은 불행 대부분은 자신의 덕이 부족하여 생기는 경우가 많습니다.

## 주방의 노래 박사

주방의 노래 박사로 잘 알려진 이상준 씨의 첫 직업은 머슴이었다. 가정이 어려워 학교를 중단하고 남의 집 머슴으로 들어가 농사일을 도우며 품삯을 받는 처지여도, 그는 늘 인생을 즐겁게 살기로 마음먹었다. 무거운 지게로 등짐을 져 나르거나 모내기, 김매기 등 끝없이 이어지는 농사일을 하는 중에도 그의 입에서는 항상 흥겨운 노랫가락이 떠나지 않았다.

주변에서 주워듣는 대로, 지나가다 라디오에서 들리는 대로 노래를 외우며 항상 따라 부르다 보니 유행가란 유행가는 다 통달하게 되었다. 그의 가수가 되는 꿈을 꾸었으나 꿈의 실현은 감히 꿈꿔 볼 수 없는 형편이었다. 그럼에도 매일 즐겁게 노래를 부르다 보니 마음이 항상 열려 있었고, 힘든 농사일도 어려운 줄 모르고 해낼 수 있었다.

머슴살이를 끝내고 서울로 올라와서는 남대문 시장에서 옷 장사를 했다. 길거리에다 옷을 가득 쌓아 놓고 "골라! 골라!"를 외치며 머슴 살던 시절에 익혔던 노래 솜씨를 장터에서 유감없이 발휘했다. 그런대로 옷 장사로 잘 먹고 살 수 있었으나 그의 적성은 아무래도 주방에서 음식을 만드는 일 같았다.

시골 고향에 살던 어릴 적부터 각종 푸성귀며 된장 등을 가져다 식구들이 먹을 찌개를 만들어 주던 취미가 있었기에, 음식을 만드는 일이라면 잘할 수 있을 것 같았다. 그는 변두리의 조그만 식당에 일자리를 얻어 주방 일을 거들며 음식 만드는 일을 배우기 시작했다. 음식 솜씨가 있었던 그는 곧 그 식당의 주방을 책임지는 주방장이 되었고, 맛있는 음식을 만들어 주는 일에 즐거움을 느끼게 되었다. 물론 음식을 만들 때에 주방의 솥뚜껑이며 국자, 주걱 등은 그의 반주 악기가 되었다.

주방에 근무하면서 그는 본격적으로 가수의 길을 꿈꾸기 시작했다. 음식을 만드는 일이라 마음대로 라디오를 들을 수 있어서 라디오에서 나오는 노래들을 모조리 외우기 시작했다. 그는 사람들의 입에 오르내리는 노래, 조금이라도 알려진 노래는 모두 외우기로 마음먹었다. 마음먹으니 안 될 것도 없었다.

몇 년 동안 노래를 연습하고 나서 본격적으로 가수에 도전하기로 했다. 그때도 전국노래자랑이란 프로가 인기가 있었는데 그는 이 프로에 도전하기로 했다. 지금은 오디션 프로그램이 많지만, 그때만 해도 전국노래자랑이 유일한 아마추어 등용문이었기 때문이었다. 예선이 있는 날, 그는 주방 보조에게 식당일을 맡기고 예선 장으로 달려갔다. 달려가는 그의 가슴은 한껏 부풀어 올랐고 이제 얼마 안 있으면 곧 가수가 될 수 있을 것만 같았다. 그동안 혼자서 몇 년을 연습하였던가? 예선은 자신이 있었다.

예선 장에 다다르니 이미 수백 명의 지원자가 예선 장을 가득 메우고 있었다. 여기저기서 목청을 가다듬으며 이 노래 저 노래를 연습하고 있었는데, 실력이 보통이 아니었다. 자신이 이미 다 아는 노래들이었지만 막상 경쟁자들의 노래 솜씨를 들어 보니 다들 보통은 넘는 수준들이었다. 이상준 씨는 약간 주눅이 들기도 했지만 여기까지 온 이상 저 많은 경쟁자를 물리치고 반드시 가수의 꿈을 실현해야만 했다.

자신의 이름이 불리고 노래할 차례가 되었다. 가슴은 떨려 왔지만, 마음을 가다듬고 그동안 다듬은 솜씨를 심사위원들 앞에서 멋지게 불러댔다. 마음에 흡족한 바는 아니었으나 그런대로 예선 통과는 무난하다는 판단이 들었다.

한참을 기다린 후, 예선 통과자 열여섯 명의 이름이 발표되었다. 그런데 그의 이름은 빠져 있었다. 너무나 의외의 결과였다. 상심한 그는 주방으로 돌아와 더욱 열심히 노래를 연습했다. 주방의 국자며 솥뚜껑이 그의 반주를 위해서 매일 땀을 흘려야 했다. 아니 주방의 모든 기구가 그의 가수 진출을 적극적으로 지원하는 것 같았다. "국자야! 밥주걱아! 고맙다. 내 꼭 가수가 되어 은혜를 갚으마." 육 개월간의 집중 훈련 기간을 거치고 난 후, 그는 다시 전국노래자랑에 지원하였다. 이번에는 정말 자신 있었다. 육 개월 후에 다시 본 경쟁자들의 노래 실력은 그리 나아 보이지 않았다. 그의 차례가 오자 그는 지난 육 개월간 땀 흘려 갈고닦은 솜씨를 보여 주었다.

단 일 분에 그치는 예선이었지만 그의 솜씨를 보여 주기에는 충분한 시간이었다. 그러나 결과는 예상 밖의 참패였다. 갈 길은 먼데 계속 예선에 걸려 고꾸라지고 있었다. 본선에 진출하고 주말 톱 가수, 월말 톱 가수, 연말 톱 가수가 되어 방송국에서 주선하는 작곡가나 프로덕션을 소개받아 본격적으로 판을 내고 TV에 고정 출연하여 히트곡을 만들어 내야 진정한 가수가 되는 것인데, 초입에서 모든 것이 깨어지다니 너무나 허무했다.

다시 육 개월간의 강훈련을 하고 재도전을 하였지만, 결과는 마찬가지였다. 의문이 일기 시작했다. 조용히 심사에 참가한 작곡가에게 찾아가 떨어진 이유를 물었다. 한마디로 박자 불량이었다. 밥주걱을 두드리며 혼자 연습한 관계로 박자가 영 맞지 않아서 계속 떨어지는 것이었다. 음악에서 박자는 기본인데 그게 제대로 안 되었으니 계속 떨어질 수밖에…. 마음을 고쳐먹은 그는 박자 관념을 철저히 해 다시 일 년간 연습하고 나서 박자가 가장 자신 있는 곡으로 도전했다. 너무 많은 도전을 해서 제작진이나 심사위원들에게 얼굴이 알려졌을까 봐 이번에는 여장하고 도전을 하기로 했다. 어릴 때부터 누나가 많은 관계로 심심풀이로 화장했던 터라 남들이 못 알아보게 짙게 화장을 하고 한복을 곱게 차려입은 뒤 예선 장으로 향했다.

예선 장의 심사위원들은 남자가 특이하게 한복을 입고 화장도 그럴싸한 모습을 보고 매우 재미있어했다. 분위기가 잘 풀린다고 생각한 그는 그동안 연습한 노래를 마음껏 불렀다. 결과는 합격이었다. 필생의 소원인 예선을 통과한 것이다. 본선 무대에서도 여장으로 코믹하게 열창을 했지만, 워낙 잘하는 실력자들에게 밀려 큰 상을 타지는 못했다. 그러나 목표했던 예선을 정복했다는 그 뿌듯함은 그를 더욱 노래와 함께 살게 해 주었다.

그 후 그는 버스 조사원, 외판원 등, 십수 가지의 직업을 전전한 끝에 돈을 모아 아담한 자기 식당을 하나 개업하게 되었다. 물론 그의 입에서 항상 노래가 떠나지 않았음은 물론이다.

그는 지금 삼천 곡이 넘는 노래의 가사와 멜로디를 제목만 척 대면 모두 불러댈 수 있는 주방의 노래 박사로 통한다. 그의 식당에 오는 손님들에게는 그의 노래 디저트가 언제라도 준비되어 있었다. 수입의 절반도 뚝 떼어 의지할 곳 없는 노인들이나 어려운 사람들에게 제공하였고, 어려운 사람들을 위한 선물도 항상 마련해 놓는 등 여러 가지로 좋은 일도 많이 했지만 가장 귀한 선물은 바로 그의 따뜻한 마음에서 우러나오는 노래 선물이다.

\*꿈을 이루는 방법은 여러 가지입니다. 지금 눈앞의 길에 실패했다고 꿈을 버리는 건 어리석은 일입니다.

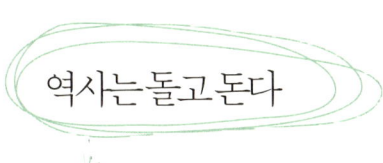
역사는 돌고 돈다

　에디슨이 전기를 발명하자 그때까지 쓰이던 석유 등은 모두 전기로 대체되기 시작했다. 사람들은 전기의 편리함에 눈을 뜨기 시작했고, 전기와 관계된 발명품들이 줄을 이어 선을 보이기 시작했다.
　그중 사람들에게 가장 인기를 끈 것은 바로 자동차였다. 처음 발명된 자동차는 대단히 인기가 있어서 말이 끄는 마차 대신 전기로 가는 자동차로 바꾸는 것이 유행이었다. 자동차가 뜻밖에 많이 보급되자 자동차를 위한 충전소가 여기저기 생겨나기 시작했다.
　처음 발명된 그때의 자동차는 물론 전기 자동차였다. 아직 내연 기관이 발명되지 않았던 때 모든 자동차의 에너지는 전기로 충당되었다. 그래서 축전지를 엔진 대신 사용했다. 그러나 얼마 후 독일에서 내연 기관이 발명되어 실용화되었고, 그 동력으로는 값이 싼 휘발유가 사용되기 시작하였다. 사람들은 전기 자동차 대신 유지비가 훨씬 저렴한 휘발유엔진 자동차를 타고 다니기 시작했다.

전기의 발명으로 호롱불이 전깃불로 바뀌어 호롱불의 용도로만 쓰였던 석유가 더는 소비되지 않게 되자 석웃값은 대폭락하게 되었고, 값싼 석유를 쓰게 된 새 자동차는 유지비가 거의 들지 않는다는 점이 매력으로 작용해 전기 자동차는 석유 자동차로 대체되었다. 더구나 자동차에 쓰이는 휘발유는 너무나 휘발성이 강해 호롱불 용도로도 쓰일 수 없었던 석유 정제의 귀찮은 부산물이었다. 휘발유를 사용하는 자동차는 경제성이 무척 뛰어나 결국 모든 전기 자동차를 물리치고 새로운 자동차 시대의 주역이 된 것이다.

그러나 그 이후 수십 년이 지난 지금, 자동차가 너무나 많아져 그

차들이 내뿜는 배기가스 때문에 도시는 온통 공해로 가득 차게 되었다. 선진국에서는 앞으로 십 년 안에 전체 자동차의 일정 비율을 매연이 없는 전기 자동차로 의무적으로 대치시켜야 한다는 법까지 만들게 되었으니. 앞으로 전기 자동차를 볼 수 있을 날도 멀지 않은 것 같다.

충진소에서 길게 진깃줄을 꽂고 전기를 충전하던 백 년 전의 최초의 자동차 시대의 모습을 다시 되풀이하여 보게 될 날도 멀지 않았으니 참으로 아이러니한 일이다. 역사는 돌고 도는가 보다.

\* 모든 것은 돌고 돕니다. 그러니 참고 기다리다 보면 당신의 시대도 올 것입니다.

## 컨설팅 회사의 조언

 남보다 이른 나이에 명퇴하게 된 조 씨는 많은 생각 끝에 짜장면집을 개업하기로 했다. 짜장면을 특별히 좋아해서 그런 것이 아니라 중국집 정도면 자신의 사회 경험과 능력으로 보아 충분히 승산이 있을 것 같았다. 승부는 결국 맛있게 요리를 만드는 것에 달린 것이 아닌가?

 계산해 보았다. 밀가룻값이라 봐야 얼마가 들겠는가? 짜장면 한 그릇이 삼천 원이면 사실 재룟값은 몇백 원 수준이다. 결국, 관리만 잘하면 얼마든지 남는 장사였다.

가게를 계약해 놓고 내부 공사에 들어가기 전, 그는 컨설팅 회사에다 경영 진단을 의뢰하기로 했다. 주먹구구식으로 사업을 하고 싶지는 않았다. 같은 짜장면집일지라도 보다 과학적이고 합리적인 분석 결과에 따라 경영을 하고 싶었다.

제일 유명하다는 컨설팅 연구소로 찾아가 소장을 만났다. 그는 TV에도 자주 나오는 인기 연예인 같은 유명 인사였다. 사업이랍시고 짜장면집을 개업하는 그로서는 처음 하는 사업이라 불안한 마음이 없지 않았지만, 소장의 얼굴을 보니 용기가 나기 시작했다.

소장에게 주변의 상권에 대해 자세히 설명한 후 컨설팅 계약을 체결했다. 기간은 일주일이었다. 적지 않은 금액이었지만 그만한 가치만 있다면야 그 정도의 지출은 문제가 되지 않았다.

일주일간 그의 개업 예정 점포로 아르바이트 학생들이 찾아와 온종일 지나가는 사람들의 나이와 성별 등을 점검하기 시작했다. 그리고 주변의 상권도 자세히 조사했다. 무슨 표 같은 곳에다 열심히 메모하는 등, 일주일 동안 계속 아르바이트 대학생들이 동원되었다. 그동안 그는 실내 공사를 시작했다.

공사도 어느 정도 마무리되어 가던 열흘 후, 그는 컨설팅의 결과를 알아보기 위하여 소장에게 찾아갔다. 소장실로 들어가니 소장은 두툼한 컨설팅 결과지를 그에게 내밀었다. 주변 상권 분석에서부터 유동 인구, 하루 예상 매출액 등이 빽빽하게 적혀 있었다. 그리고 음식을 맛있게 조리하는 법까지 결과지에 자세히 적혀 있었다.

그러나 그런 것들은 그가 이미 익히 알고 있는 것들이었다. 음식 맛있게 만드는 법 등은 요리 관계자들에게 들어서 모두 알고 있는 사항들이었다. 일주일 동안 한 것이라고는 지나가는 사람 숫자를 정확히 센 것밖에는 없었다. 그것에 비하면 컨설팅 비용은 말도 안 되는 엄청난 금액이었다.

그가 소장에게 불만에 가득 찬 목소리로 외쳤다. "아니, 무슨 컨설팅이 나보다 아는 게 없어요?" 그러자 소장은 물끄러미 그를 바라보았다. 뭔가 핑곗거리를 생각하고 있음이 분명했다. "아, 그게 아니고…." "아니긴 뭐가 아닙니까? 도대체 새로운 것이라고는 아무엇도 없으니 이게 무슨 컨설팅입니까?" 그러자 소장은 어색한 미소를 지으며 말했다. "예, 당신 말이 다 맞습니다. 컨설팅 비용도 좀 깎아 드리겠습니다. 그러나 당신이 딱 한 가지 모르는 게 있습니다." "그게 뭐요?" 그가 물었다.

그러자 소장이 대답했다. "종업원이 속 좀 썩일 거요." "뭐요? 속 좀 썩일 거라고요?" 소장의 말에 그는 피식 웃으며 말했다. "어보시오, 내가 사람 다루는 것만 이십 년 했소. 그런 거라면 내가 도사요." 소장은 자신이 어려웠던 시절에 음식점을 했다가 몇 번이나 털어먹은 경험을 이야기하며 종업원 문제가 제일 어려웠다고 너털웃음을 지으며 말했다.

컨설팅비를 깎아서 지급하고 나온 조 씨는 내부 공사가 한창인 그의 짜장면집으로 부지런히 향했다. 며칠 후, 순조롭게 공사를 마친 그는 주방장과 배달원을 뽑고 홀은 자신이 직접 관리하면서 열심히 자장면 장사를 했다.

그러나 그는 삼 개월 만에 손을 들고 말았다. 배달 소년은 하루가 멀다고 수금한 돈을 갖고 튀었고 주방장은 음식 재료 배달 업자와 짜고 허구한 날 금액을 속여 먹는가 하면, 수시로 맡긴 돈 달라는 듯 임시 지급을 요구하는 것이었다. 종업원에게 치인 그는 모든 것이 귀찮아져 주방장에게 가게를 넘기고 깨끗이 손을 털고 나왔다.

그간 손해 본 액수는 자그마치 오천만 원이 넘었다. 종업원이 속 좀 썩일 거라는 컨설팅 소장의 조언은 틀린 것이 하나도 없었다.

*자기에게 꼭 필요한 얘기는 귀에 잘 안 들어오게 마련입니다. 그리고 세상의 매스컴은 온통 한 명의 성공한 사람 얘기뿐입니다. 나머지 아홉 명의 실패한 사람들의 이야기도 귀담아들을 필요가 있습니다.

## 가수 김도향의 전향이유

가수 김도향은 청년 시절, 남성듀엣 투코리언즈를 결성해 최고의 인기를 누렸던 한국의 대표가수였다. 가왕 조용필이나 최고 아이돌 그룹 같은 인기를 누렸지만 멤버의 입대와 대마초 파동 등으로 인하여 가수의 길을 걸을 수 없게 되었다. 먹고사는 방편으로 그는 광고음악 회사를 차렸다. 기발한 창작력으로 광고음악계의 최고의 사업체로 성장시키는 데 성공했지만 쉼 없이 살아온 인생에 대한 회의를 느껴 어느 날부터 도道의 수련으로 들어서게 되었다.

도의 길에 들이시며 마음의 평화를 되찾은 그는 더욱더 도에 심

취하며 살게 되었다. 자연, 사업체의 경영에는 무관심해지고 득도의 길을 찾는데 빠져서 현실의 감각과는 멀어져갔지만, 도를 수련함으로써 현실의 고통을 잊고 인생의 참뜻을 찾을 수 있어 행복한 시절이었다. 그 시절, 그는 확실한 도사의 모습을 갖추고 있었다. 그를 보면 누구나 도사라고 말을 했고 백발의 수염을 길게 기른 채 차분한 목소리로 인생의 사는 법을 말해주는 그의 모습에서 사람들은 득도한 경지 도사의 모습을 볼 수 있었다.

그의 인생이 그대로 계속되었다면 산으로 올라가서 명상에 잠기며 도복을 입은 제자들과 도체조를 하며 천상의 세계와 호흡을 나누는 생활을 했을 것이다. 사업체는 유행의 변화로 경영이 어려웠지만, 도가 마음속에 충만하니 심적 괴로움이나 스트레스는 느끼지 않았다. 그러던 어느 날, 자신을 가수로 데뷔시켜주었던 방송 피디로부터 30년 만에 연락이 왔다.

"야, 도향아! 큰일 났다. 여기 제주도야, 그런데…. 섭외했던 가수가 사고가 나서 못 온단다…. 어떡하니? 너 좀 여기 와서 도와줄

래?" 김도향은 정신이 아득해지는 것 같았다. 지난 30년 동안 한 번도 마이크를 잡고 노래를 해 본 적이 없었다. 사업체 경영에다 도의 수련까지 음악과는 관계가 없는 삶을 살고 있다는 것을 뻔히 아는 선배가 오죽하면 자신에게 그런 전화를 했겠는가? 안 가면 크게 잘못되는 경우일 것이 뻔했다. "그냥 몸만 와 줘! 제발 부탁이다!"

선배는 무턱대고 전화를 끊었다.

고민하던 김도향은 어쩔 수 없이 제주행 비행기를 탔다. 은혜를 입었으니 한번은 그를 구출해주어야 했다. 약속장소에 이르니 넓은 요양병원 홀에 치매 환자들과 그 가족들과 의료진 등 많은 관객이 가수가 왔다는 반가움과 호기심에 자신의 얼굴만 바라보고 있었다. 약간 긴가민가하면서 도사의 풍모로 가득 찬 그의 얼굴을 주시하고 있었다.

반주가 시작되고 그의 노래가 시작되었다. 30년 만에 처음 노래하는데 다행히 가사가 모두 생각나서 열심히 노래를 부르기 시작했다. 손뼉을 치며 노래를 따라 불러주는 관객들을 바라보면서 오랜

만에 마이크를 잡고 노래를 하고 있다는 현실감을 느낌을 느낄 수 있었다. 그런데 맨 앞줄에 앉은 한 할머니는 손뼉도 안 치고 멍하니 그의 얼굴만 바라보는 것이었다. 치매 환자라 그러려니 하며 열심히 노래를 불렀다.

"벽오동 심은 뜻은…. 하늘아 무너져라, 까뜨뜨뜨뜨뜨 잔별아, 쏟아져라…."

땀을 비가 오듯 쏟으며 노래를 불렀다. 노래가 끝나자 맨 앞에서 멍하니 자신의 얼굴을 바라보던 그 할머니가 벌떡 일어나더니 홀이 떠나가도록 고함을 질렀다.

"야! 김도향이다!"

그 할머니는 십 년 동안 한 번도 말을 안 하고 가족들과 눈도 안 맞추던 치매 환자 중에 중증 환자였다. 옆에 있던 가족들은 깜짝 놀랐다. 신이 나서 덩실덩실 춤을 추는 할머니의 모습을 바라보며 가족들은 기쁨의 눈물을 흘렸다. 음악의 힘이 한 치매 환자를 깊은 잠에서 깨어나게 했다. 그 날 이후, 김도향은 다시 가수로 전향하여 생활 속에서 노래를 부르며 수련하는 생활수련으로 도의 수련방향을 바꿨다.

*불합격, 실패, 부도……. 라는 모양으로 인생의 문이 닫힐 때가 있다. 그건 다른 문이 열렸다는 뜻이다. 겁내지 말고 두드려 봐라. 더 멋진 세상이 있을지도 모른다. 비록 입구가 초라해서 들어가기 싫겠지만.

사람이 희망하는 것은, 건강과 행복이 우선이다. 그 다음이 사랑이다.

CHAPTER 3

# 값진 인생을 위한 마음 풍경

행복이란 무엇인가?
지금 이 순간.

행복이 내게 말했다! 그 자리에 있다고.

# 인류 최고의 발명

인류 역사상 최고의 발명은 무엇일까? 권위 있는 한 신문사에서는 독자들에게 과연 인류 최고의 발명이 무엇인가 공고를 내어 의견을 모집하기로 했다. 가장 좋은 의견을 낸 사람에게 상당한 상금과 부상을 제공하기로 약속했다.

수많은 응모자의 엽서와 편지가 신문사에 도착했다. 신문사에서는 가장 권위 있는 사람들로 심사 위원단을 구성하였다. 그리고 토론을 거쳐 그것을 결정하기로 의견을 모았다. 심사 당일이 되자 심사위원단 일곱 명은 차례로 일어나 자신들의 의견을 이야기하기 시작했다.

제일 먼저 가장 존경받는 건축가가 일어났다. "인류 최고의 발명은 집입니다. 인간이 집을 발명했다는 사실은 곧 문명을 발명했다는 사실과 같은 것입니다." 그의 말에 모두 고개를 끄덕였다.

두 번째 심사위원이 일어났다. "집도 위대한 발명입니다만 저는 불의 발견이라고 생각합니다. 인류가 번갯불에서 불을 발견하고 그것을 자신들이 사용할 수 있는 것이라는 것을 깨닫는 순간, 인간에게 지혜가 들어오게 되었다고 생각합니다." 프로메테우스의 신화에서도 알 수 있듯이 인류가 불을 사용하게 된 것은 정말로 엄청난 사건이었다. 참석자들은 하나같이 모두 고개를 끄덕였다.

세 번째 위원이 일어났다. "인간이 오늘날의 모습으로 발전하게 된 것은 법의 발명 때문이었다고 생각합니다. 양심의 소리를 법으로 구체화했다는 사실은 우리의 민주주의를 가능하게 한 대발명이자 발견이라고 생각합니다." 모두 그의 말에 수긍하는 눈치였다.

네 번째 위원이 일어났다. "인류가 오늘날의 모습을 갖게 된 데에는 경제 활동의 근원이 되는 돈을 발명한 데 그 원인이 있다고 봅니다. 돈이라는 것을 생각하여 발전시킨 인간의 지혜는 가장 위대하고 탁월한 발명이라고 생각합니다." 모두 그의 말에 고개를 끄덕이며 말했다. "그렇군요. 돈이 없으면 아무것도 할 수 없으니까요."

그러자 다섯 번째 위원이 일어났다. "인류의 발명 중 가장 위대한 것으로 저는 문자를 꼽겠습니다. 문자가 있기에 언어를 기록할 수 있었고, 언어가 발전함으로써 인간의 생각이 발전하기 시작했다고 볼 수 있습니다. 그것이 침팬지와 인간의 다른 점입니다." 대문호인 그의 말에 참석자들은 아무런 이견이 없는 것으로 보였다.

여섯 번째 위원이 일어났다. 최고의 과학자인 그가 말했다. "인간 역사상 지금의 일 년은 고대의 일억 년과 같은 것입니다. 이러한 것이 가능한 이유는 바로 컴퓨터 때문입니다. 앞으로 컴퓨터가 과연 얼마나, 어떻게 발전할 것인지는 아무도 알 수 없습니다. 컴퓨터야말로 미래의 모든 것을 바꾸어 놓을 인류 최후의 가장 위대한 발명이라고 생각합니다." 참석자들은 모두 하나같이 고개를 끄덕이며 그의 말에 동의하였다.

드디어 마지막 위원이 자리에서 일어났다. "오늘 여러분들의 의견을 들어 보니 모두 인간에게 꼭 필요한 발명, 발견 같군요. 저의 생각으로는 가장 위대한 발명이라고까지는 아니더라도 인류에게 없어서는 안 될 것으로 생각하는 것이 있어 여러 위원님께 말씀드립니다." 노학자는 앉아 있는 위원들을 둘러보며 말했다. "저는 인류 역사상 가장 위대한 발명은 바로 가정의 발명이었다고 생각합니다. 동물들은 사랑의 행위가 끝나면 그냥 떠나가 버립니다. 그리고 새끼를 임신하고 기르는 것은 모두 암컷들의 임무입니다. 그러나 인간은 사랑하는 사람과 함께 가정을 이루고 함께 자녀를 낳아서 기르고 죽을 때까지 자녀가 잘되기를 바라며 살아갑니다. 인간들에게 가정이라는 울타리는 무엇보다 소중한 것으로 생각되어 여러분께 말씀드립니다."

참석자들은 노학자의 그 말에 아무런 반론도 제기하지 않았다.

*가정이라는 것도 발명된 것입니다. 우리가 지금은 당연하다고 생각되는 것 중에는 몇백 년 전만 하더라도 감히 상상할 수 없었던 것들이 많습니다. 과거에는 부인과 자식은 주인의 소유물이자 재산이었습니다.

# 양심이의 일생

일생을 양심적으로 살아가고 싶은 사람이 있었다. 양심이 시키는 대로 살다가 죽는 것만이 가장 올바른 삶인 것 같았다. 그는 이 세상에서 가장 양심적으로 살다가 죽겠노라고 결심했다.

대학 입시 때도 그는 가장 양심적으로 시험을 보겠다고 결심하고 시험장으로 들어갔다. 많은 학생이 시험을 잘 보기 위해서 애쓰고 있는 것이 너무나 안쓰러워 보였다. 경쟁률은 2대 1 정도였다. 양심이는 조용히 문제를 풀어나갔다. 무난히 시험에 합격할 수 있을 것 같았다. 그러다가 '아차!' 하는 생각이 들었다. 자기 때문에 누군가 한 사람이 떨어질 것은 빤한 이치였다. 양심이는 바르게 쓴 답을 모두 지워 버리고 틀린 답을 써 내려갔다. 답안지를 제출하고 나니까 마음이 한결 가벼워졌다. 예상대로 시험에서 떨어졌다. 그러나 자기 대신 누군가 한 명이 합격했음은 확실한 일이었다. 양심을 지킬 수 있었던 자기 자신이 너무나 좋았다.

입시에 떨어진 양심이는 취업을 하게 되었다. 사회에 진출한 이상 좀 더 양심적으로 살고 싶었다. 모든 것을 양심이 시키는 대로 살고 싶었다. 모두 내근직을 희망하는 것 같아 자신은 외근직인 영업부로 지원했다. 양심을 지킬 수 있어서 기분이 매우 좋았다.

영업부의 일은 그리 어렵지 않았다. 자기가 맡은 삼십여 개의 거래처를 돌아다니며 제품의 주문과 전달을 맡고 수금을 책임지는 일이었다. 양심이는 양심이 시키는 바에 따라 열심히 일했다. 모든 제품을 정확히 배달했고 수금도 정확하게 해 왔다. 그리고 받은 월급은 양심이 시키는 바에 따라 어려운 이웃들에게 모두 나누어 주었다. 양심이 시키는 바에 따라 사니 너무나 기분이 좋았다.

그러나 양심이는 보다 더 양심적으로 살고 싶었다. 이 세상에서 가장 양심적으로 살기로 한 이상 좀 더 확실하게 실천하고 싶었다. 결국, 이 세상의 모든 비극은 경쟁에서 비롯되는 것이었다. 남이 가질 것을 자신이 빼앗는 데서부터 싸움과 분쟁이 시작되는 것이었다.

곰곰이 생각하던 양심이는 다음과 같은 결론에 도달했다. 남이 가질 것을 자신이 덜 가지는 것만이 양심을 가장 잘 지키는 길임을 깨닫게 되었다. 그날부터 양심이의 행동은 눈에 띄게 달라졌다. 수돗물도 가장 적게 썼다. 자신이 적게 씀으로써 좀 더 필요한 사람이 더 쓸 수 있다면 자신의 불편 따위는 문제가 되지 않았다. 에너지를 절약하기 위해서 밥도 물에 불린 채로 그냥 먹었다. 물에 불려 그냥 먹어 보니 그런대로 견딜 만했다. 그에게 있어서 맛은 둘째 문제였다.

지상에 있는 산소도 결국은 일정량이 존재한다는 것을 깨닫는 데에는 오랜 시간이 걸리지 않았다. 자신이 들이마신 산소만큼 누군가는 덜 들이마실 수밖에 없는 것이 산소의 원리였다. 그것을 알게 된 날부터 그는 숨을 적게 쉬기로 했다. 남들을 위해서라면 자신이 조금 답답하거나 숨이 찬 것은 문제가 되지 않았다.

몇 달 뒤, 한 사내가 응급실로 실려 왔다. 호흡곤란 증세였다. 당직 의사는 그에게 급히 산소호흡기를 씌웠다. 그러나 의식불명의 환자가 격렬히 저항하기 시작했다. 간호사의 도움을 받아 강제로 환자의 코에 산소호흡기를 씌운 후 의사는 다른 환자를 돌보았다.

한참이 지난 후, 응급실로 실려 온 아까 그 환자 쪽에서 아무런 기척이 없었다. 당직 의사가 이상한 낌새를 느끼고 환자에게로 다가가 보았다.

환자는 이미 사망해 있었다. 그의 사인은 '호흡 곤란'이었다. 아니 당직 의사의 말을 빌리면 '호흡거부'였으나 그런 사인은 의학사전에도 없는지라 할 수 없이 '호흡곤란'으로 기록할 수밖에 없었다. 양심이는 그렇게 죽었다.

♥ *자신을 지키지 못하는 양심은 하등 소용이 없는 것입니다.

## 마침표의 탄생

 마침표가 아직 없었을 때의 얘기다. 한 문장을 쓰고 나서 다음 문장을 쓰려고 하면 어딘가 어색하여 글의 뜻이 분명하지가 않았다. 사람들은 글이 끝났다는 의미로 빗금을 긋거나 자기만 아는 특수한 표시를 하여 마침표를 대신했지만 헷갈리기는 마찬가지였다.

 대대로 인쇄업자의 집안에서 태어난 마누티우스는 이러한 혼란을 방지하기 위하여 문장이 끝나고 나면 반드시 마침표(.)를 찍자고 친구들과 동업자들에게 주장하였다. 그러나 자신들만의 방법들을 갖고 있었던 그의 친구와 동료들은 그의 주장을 선뜻 따라 주지 않았다. 마침표에 대한 그의 열정은 그 이후로도 계속되어 몇몇 친구들은 그의 의견을 따르기 시작했다.

복잡한 표시나 통일되지 않은 기호보다는 자신이 창안한 가장 간단한 점인 마침표를 모든 사람이 다 함께 쓴다면 참으로 편리하고 글의 의미가 분명해질 텐데 그에게 인쇄를 의뢰하는 책에는 아직도 그의 주장대로 마침표를 확실하게 사용하지 않은 것이 많이 있었다. 사람들은 먹고사는 문제와 별로 관계가 없는 그의 마침표 사용 주장에 대해 크게 동조하는 것 같지 않았다. 그러나 마침표에 대한 그의 열정은 식을 줄 몰랐다.

마누티우스가 마침표를 사용하자고 주장한 지 여러 해가 지났지만 친한 친구 중에도 아직도 마침표를 사용하지 않는 친구들이 많았다. 그는 마지막 방법으로 친구들을 설득하기로 했다. 그때는 이미 자신이 병을 얻어 죽을 때가 다 된 때였다.

마누티우스는 자신의 유언장에다 유언을 쓰기 시작했다. 사랑하는 친구들과 가족들에게 마지막으로 남길 말을 모두 적고 나서 그가 평생 주장해 왔던 '마침표'를 글의 끝에 예쁘게 찍었다. 마침표를 찍고 나니 자신의 모든 인생이 깨끗하게 정리가 되는 느낌이었다. 기분이 산뜻해지고 날아오를 것 같았다.

며칠 후, 마누티우스가 죽자 그의 친구들이 장례식장으로 찾아왔다. 그 자리에서 그의 유언이 친구들에게 낭독되었다. 모든 유언을 나 섞은 그의 유언상에 그가 항상 수상했던 마침표가 예쁘게 섞여 있는 것을 거기 모인 모든 친구는 볼 수가 있었다.

*선구자에게 필요한 것은, 누구도 동의하지 않더라도 끝까지 자신의 신념을 믿는 열정입니다.

## 아전인수 我田引水

시골에서는 모내기 철이면 논에 물을 대는 일이 가장 큰일이다. 요즘은 관개시설이 잘 되어 있고 또 양수기를 사용하여 필요한 만큼 물을 대고 있지만, 옛날에는 물 대는 일이 쉬운 일이 아니었다.

어느 시골에 농사를 짓고 사는 신앙심 깊은 농부가 있었다. 그는 매우 부지런해서 봄이면 남들보다 일찍 물을 대고 모내기를 하는 등 매우 모범적으로 농사를 짓고 있었다. 봄이 되어 그는 물이 있는 저수지로부터 긴 둑을 쌓아 자기네 논까지 물을 대고 모내기를 준비하기 시작했다.

그런데 다음 날 나가 보니 그의 논에 물이 안 들어와 있지 않은가? 이상히 여긴 그 농부는 물길을 따라 위로 올라가 보았다. 그랬더니 이게 웬일인가? 그가 쌓은 물길이 그 위에 있는 논으로 돌려져 있는 것이 아닌가? 위의 논에서 얌체같이 그가 쌓은 물길을 중간에 끊고 자기네 논으로 돌려놓은 것이었다. 그 논에는 이미 물이 고이는 중이었다. 화가 난 농부는 둑을 원래대로 다시 쌓아 물길을 다시 자신의 논으로 들어오도록 만들어 놓은 후 집으로 돌아왔다.

그런데 다음 날 나가 보니 역시 어제처럼 물길이 또 그 위의 논으로 돌려져 있는 것이 아닌가? 그는 그 길로 당장 그 논의 주인에게로 뛰어가 남이 쌓아 놓은 물길을 가로채지 말라고 말했다. 그러나 그 주인의 반응은 막무가내였다. "아, 당신이 이 물의 주인이오? 아무나 먼저 쓰는 사람이 임자지." 무식하게 막무가내로 나오는 데야 당해 낼 재간이 없었다. 만약 싸운다면 크게 한 판을 벌여야 할 것 같았다.

신앙심 깊은 농부는 거기에다 대놓고 같이 싸울 수는 없는 노릇이었다. 몇 시간을 고민하던 그는 목사님께로 찾아갔다. 전후 사정을 다 들은 목사님은 그에게 말했다. "당신의 잘못은 하나도 없군요." 목사님으로부터 무슨 좋은 해결책이 나오지 않을까 하여 그는 목사님에게 다가가며 말했다. "그렇지요?"

그러자 목사님은 그에게 말했다. "그건 순전히 그 사람의 잘못이군요. 당신이 백번 옳습니다. 그런데 더 옳은 것을 할 수는 없습니까?" 목사님의 말을 들은 그 농부는 의아했다. "아니, 더 옳은 것이라니요?" 목사님은 그에게 말했다. "당신이 백번 옳습니다. 그러나 더 옳은 것이 한 가지 있다면 원수를 사랑하라는 것입니다." 그 순간 농부는 크게 깨달았다. 그리고 곧장 막무가내인 사람의 논으로 가서 물이 들어가도록 물꼬를 다 터놓고 나서 집으로 돌아왔다.

다음 날 아침, 자신의 논으로 물길을 만들려고 논으로 나왔던 그 막무가내인 사람은 이미 자신의 논으로 물꼬가 터져 있는 것을 보고 깜짝 놀랐다. 도대체 누가 자기 논으로 물길을 터놓았을까 생각하던 그는 이내 알게 되었다. 그는 급히 그 농부를 찾아가 자신의 잘못을 뉘우치고 앞으로 사이좋게 물을 사용할 것을 약속하였다.

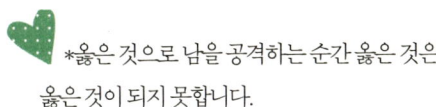
*옳은 것으로 남을 공격하는 순간 옳은 것은
옳은 것이 되지 못합니다.

# 하루살이 꽃

옛날 어느 사막에 예쁜 꽃 한 송이가 있었다. 그 꽃은 조그만 잎사귀를 두 개 가지고 있는 작은 풀꽃이었다. 그 꽃은 자신의 모든 정성을 다하여 순진하고 예쁜 꽃을 피웠고 조그만 향기를 사막에 뿜어내고 있었다. 사막의 주인인 태양은 매일 같이 떠올랐다. 그런데 어느 날, 사막 한가운데에 전에 보지 못하던 풀꽃 한 송이가 엷은 향기를 뿜으며 살포시 피어 있는 것이 아닌가? 태양은 뛸 듯이 기뻤다. 태양은 꽃을 향해 말했다.

"너는 이 사막에서 가장 아름다운 존재다. 이 사막은 너로 인해 행복을 찾았단다." 꽃은 수줍은 듯 말했다. "내가 꽃을 피우는 것은 내가 꽃이기 때문이야. 나는 내 모든 정성을 다해 꽃을 피워야 해. 그것이 내 임무야." 태양은 너무나 좋아서 꽃에 말했다. "너를 사랑해. 이것은 내 진심이야." 태양은 다시 꽃에 말했다. "이 세상에 너처럼 귀중한 존재는 없어. 나는 너를 위해 뭐든지 다 할 거야." 꽃은 태양에게 대답했다. "나를 있는 그대로 그냥 봐 줘, 나는 한 송이 풀꽃일 뿐이야."

태양은 자신의 사랑을 참을 수 없었다. "내가 오늘 떠오른 이유는 너를 보기 위해서야. 나는 너를 사랑할 거야. 너는 너무나 아름다워. 나는 너처럼 아름다운 꽃을 본 적이 없어." 꽃은 태양에게 말했다. "날 너무 사랑하지 마." 그러나 태양은 그 꽃을 너무나 사랑했다. "난 네게 나의 모든 것을 바치고 싶어. 너를 미치도록 사랑한단 말이야. 내 사랑을 받아 줘, 응?" 태양은 풀꽃을 정열적으로 바라보며 뜨거운 사랑의 눈길을 퍼부었다.

풀꽃을 너무나 사랑한 태양은 있는 정성을 다하여 자신의 모두 햇볕을 풀꽃을 향해 퍼부었다. 꽃은 태양을 향해 애원했다.

"날 사랑한다면 조금씩만 사랑해 줘."

꽃은 태양을 향해 힘없는 소리로 말했다.

"날 사랑한다면…."

"날 사랑…."

"날…."

꽃은 태양의 뜨거운 사랑 앞에서 말라 죽고 말았다.

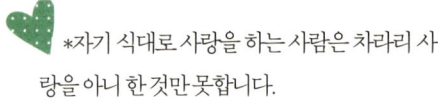
*자기 식대로 사랑을 하는 사람은 차라리 사랑을 아니 한 것만 못합니다.

# 허탈한 강의

어느 유명한 철학 교수가 '인생을 살아가는 법'에 대해 강의를 하게 되었다. 많은 군중이 그의 강의를 들으려고 몰려들었다.

강당을 가득 메운 군중들에게 그는 자신이 아는 모든 지식을 총동원하여 '인생을 살아가는 법'에 대해 열심히 강의했다. 강의는 쉬는 시간 없이 두 시간가량 계속되었지만 한 사람도 자리를 뜨는 사람이 없었다. 울고 웃는 가운데 청중들은 그의 강의에 완전히 빠져들었으며 모두 그의 말대로 실천하리라 굳게 마음먹었다. 강의를 마치고 강당을 빠져나오는 사람들의 눈에서 눈물이 글썽이는 것을 볼 수 있었다. 근래에 보기 드문 명강의였다. 모두 인생을 사는 새로운 방법에 대하여 감동하며 집으로 돌아갔다.

며칠 후, 교수는 자신의 지난번 강의장에서의 열기가 사람들의 마음속에 얼마나 남아 있는지 궁금하였다. 그는 학생들에게 지난번 자신의 강의를 들은 사람들을 대상으로 그 교수가 한 강의 내용을 얼마나 기억하고 있는지에 대해 설문조사를 벌이도록 지시했다. 그가 강의한지 딱 일주일이 되는 날이었다.

학생들은 그때 강의를 들었던 사람들을 찾아가 그 교수의 강의 내용을 얼마나 기억하고 있는지 물어보았다. 백 명의 청중 중에서 그의 강의 내용을 조금이나마 기억하고 있는 사람은 겨우 37명에 지나지 않았다. 교수는 실망하여, 한 달 후에 똑같은 조사를 다시 한 번 실시했다. 그러나 그 결과는 백 명 중에 단 한 사람만이 그 교수의 강의 내용을 어렴풋이 기억하고 있을 뿐이었다.

*인간의 감동은 오래가지 않습니다. 인간의 사랑도 오래갈 수 있는 것은 아닙니다. 그러므로 사랑의 배신을 당했다고 해서 죽도록 슬퍼할 필요는 없습니다.

## 스트라디바리우스의 첼로

　스트라디바리우스 가는 현악기를 만드는 대가의 집안이다. 그가 만든 현악기는 가장 아름다운 소리를 내는 세계 최고의 악기로, 만들 당시부터 현악기 연주자들의 특별한 사랑을 받았다.

　오래된 단풍나무를 잘 깎아 판을 만들고 그들만이 알고 있는 비법으로 만든 나무 수액을 악기의 표면에 발라 그늘에서 오랫동안 말려 악기를 완성하였는데, 그 음색이 부드럽고 예리하면서도 말로 표현할 수 없는 깊은 음색을 가지고 있어서 연주자들은 모두 그의 악기를 하나씩 가지는 게 소원이었다.

그는 바이올린, 비올라. 첼로 등의 악기를 주로 만들었는데, 파가니니나 비오티 등 당대 최고의 연주자들은 그가 만든 악기를 가지고 여행을 하며 연주자로서의 명성을 쌓을 수 있었다.

당시의 연주회는 주로 오케스트라의 반주에 바이올린 독주나 이중주가 많았고, 무반주로 바이올린 혼자 연주하는 형태도 많았다.

또 악곡의 마지막 부분에 카덴자 부분을 넣어 청중들이 바이올린 한 악기만의 음색을 마음껏 들을 수 있도록 작곡이 되었는데, 이유는 바로 스트라디바리우스가 만든 악기의 음색을 다른 악기 소리와 섞이지 않게 들을 수 있도록 한 작곡가의 배려 때문이었다. 그 당시의 유명 독주자들은 대부분 그의 악기를 갖고 있었다.

당시만 해도 첼로는 음악가들에게 독주 악기로 인식되지 못하던 때였다. 그런데 이때에 스트라디바리우스가 처음으로 첼로를 만들어 첼로 연주자의 손에 그의 악기가 들어가자 그 악기의 음색에 반한 작곡가들은 너도나도 첼로를 위한 새로운 곡들을 작곡하기 시작했다.

첼로 협주곡에서부터 첼로 혼자서 연주하는 무반주 소나타에 이르기까지 첼로를 위한 여러 곡이 줄을 이어서 작곡되었다. 그 이유는 순전히 그가 새로 만든 첼로의 깊고 풍부한 음색을 듣기 위해서였다.

그 이후 첼로란 악기는 관현악단에서 저음부를 맡는 보조 악기에 지나지 않은 위치에서 바이올린 못지않은 훌륭한 악기로 새로 태어났다.

\*사람의 생각과 제도는 도구나 수단에 따라 달라질 수 있습니다. 그러나 영원히 변하지 않을 것이 하나 있습니다. 그것은 바로 '인간에 대한 사랑'입니다. 악기장이가 악기를 만든 이유는 바로 인간에게 가장 아름다운 소리를 들려주고 싶었기 때문입니다.

# 눈물의 편지

연애하던 사나이가 자기가 사랑하던 여인이 다른 남자의 품으로 떠나가게 될 위기에 놓이게 되었다. 설득도 하고 애원도 해 보았으나 아무런 성과가 없었다.

절망에 빠진 그는 마지막으로 떠나기 직전 그녀에게 편지로 호소하기로 작정했으나 밤을 꼬박 새워도 편지에 쓸 말이 생각나지 않았다. 그냥 마음만 천길만길 무너져 내리는 것이었다.

새벽녘이 되자 그는 자기 마음을 있는 그대로 종이에 옮기기로 하고 편지를 쓰기 시작했다. 그녀와 함께했던 추억들이 떠오르자 그의 눈에서는 눈물이 뚝뚝 떨어지기 시작했다. 눈물은 편지지를 적시고 글씨를 쓴 잉크를 번지게 했다.

다음 날, 그는 그녀를 만나 자신의 마지막 마음을 담은 편지를 그녀에게 전달했다. 자신의 온 마음을 있는 그대로 적은 글이었다. 편지를 받아 본 그녀는 그의 진심에 감동하여 다른 남자를 포기하고 집안의 반대를 무릅쓰고 그 남자를 선택하였다.

몇 년이 지난 후, 짐을 옮기려고 서랍을 정리하던 그는 어디서 많이 본 듯한 편지를 한 통 발견했다. 부인의 화장대 서랍 속이었다. 편지를 읽어 보니 유치하기 짝이 없었다. 누군가 처녀 시절 그의 부인을 되게 짝사랑한 모양이었다. 글씨도 엉망이었고 내용은 더군다나 말도 안 되는 저질에 유치한 인간이 쓴 글임이 분명했다. 편지 군데군데에 눈물이 뚝뚝 떨어진 자국까지 있는 게 완전히 삼류 영화의 한 장면이었다.

그는 그 편지를 들고 건넌방에서 옷을 정리하고 있던 그의 부인에게 가져갔다. "여보, 이거 처녀 시절에 받은 연애편지인가 보지?

눈물 자국까지 난 게 누군지 되게 유치하구먼…."

그러자 부인이 말했다. "네, 그 유치한 분은 바로 당신이에요."

*사람의 마음이란 지금과는 완전히 반대로 변할 수도 있습니다. 영원하리라는 다짐도 지금뿐일지도 모릅니다. 그러나 우리는 영원할 거라 믿었던 순간을 잊어서는 안 됩니다.

## 굶고 있는 어린 예수

　빈민들에게 희망의 삶 터를 제공해 주는 두레 마을 김진홍 목사가 처음 구제 활동을 할 때의 이야기다. 빈민들을 위하여 갖은 고생을 다 하다가 열병을 얻은 김 목사는 열흘간 사경을 헤매다 일어났다. 겨우 일어난 김 목사는 구제 활동이고 뭐고 우선 목숨부터 유지해야 다시 활동할 수 있겠다 싶어 짐을 싸 들고 당분간 빈민촌을 떠나기로 작정했다.

　봇짐을 들고 빈민촌을 거의 다 빠져나오던 길에 그는 어느 집 댓돌 위에 신발들이 가지런히 놓여 있는 것을 발견했다. 대낮인데도 아이들의 신발이 일렬로 정리된 것을 보니 좀 이상한 생각이 들었다. '이 시간이면 아이들이 학교에 다 갔을 시간인데 왜 아이들 신발이 저렇게 가지런히 놓여 있는 걸까?'

김 목사는 불길한 생각이 들어 그 집 방문을 열고 안으로 들어가 보았다. 방안에는 엄마와 네 자녀가 누워 있었다. 사흘을 굶어 기운이 빠져 나란히 누워 있다가 김 목사가 들어오자 일어나 앉았다. 기운들이 없어 모두 축 늘어져 있었는데 막내인 세 살짜리 아이가 엄마를 조르며 배가 고프다고 칭얼대며 울기 시작했다. 엄마는 멍하니 앉아만 있었고 아이는 울면서 엄마를 보채고 있었다. 그 아이의 눈물 고인 눈동자를 보는 순간, 김 목사는 그 아이의 얼굴과 예수님의 얼굴이 겹쳐지는 것을 보게 되었다. 바로 예수님이 배가 고프다고 울고 있는 것이었다.

그 얼굴을 보자 김 목사는 눈물을 흘리며 크게 회개하고 예수님의 뜻이 자기가 이 빈민촌에서 떠나지 말라는 것에 있음을 깨닫게 되었다.

그 이후, 김 목사는 빈민들의 영혼과 육체의 구원을 위하여 더욱 힘써 노력하였으며, 오늘날 두레 마을이라는 아름다운 삶의 공동체를 만들 수 있게 되었다.

\* 아름다운 일은 말과 생각이 아니라 마음과 몸으로 느껴 실천하는 것입니다.

## 장군과 독재자

어느 나라에 대통령이 있었다. 이 대통령은 독재자였다. 독재자는 대통령이 되자마자 갖가지 구실을 붙여서 자신의 정적을 하나, 둘 제거해 나가기 시작했다. 다음 선거가 돌아오기 전까지 예상되는 잠재적 정적을 미리 제거해 버린다면 선거는 보나 마나 그의 승리로 끝날 것은 빤한 이치였다.

그때 이웃 나라와의 사이에 작은 섬을 하나 두고 분쟁이 일어났다. 갑자기 이웃 나라에서 그 섬을 침략한 것이었다. 예전에 이웃 나라가 소유한 적이 있었다는 이유로 그 섬에 자기네 군대를 파견

하여 전격적으로 점령해 버린 것이었다.

온 나라에 비상이 걸리고 전군에 대기령이 떨어졌다. 그때 한 용맹스런 장군이 정예 부대를 이끌고 그 섬에 상륙하여 목숨을 걸고 싸워 이웃 나라의 군대를 몰아냈다.

분쟁은 그 나라의 승리로 끝났고 장군은 승리의 개선을 하게 되었다. 개선한 장군은 국민에게 열광적인 환영과 지지를 받았다. 대통령도 그의 애국심과 용맹성을 칭찬하고 그에게 훈장을 수여했다.

그러나 그 이후부터 장군에 대한 용맹과 애국심이 온 국민들 사이에 전설처럼 퍼져 나가기 시작했다. 섬에서 있었던 전투에서 장군이 보여 주었던 용맹은 함께 참전한 병사들의 입을 통하여 국민들에게 알려지기 시작했다. 장군의 인기는 하늘 높은 줄 모르고 치솟기 시작했다. 대통령의 독재 정치에 지겨워하던 국민들 사이에서 장군의 깨끗하고 몸을 아끼지 않는 나라에 대한 헌신성은 많은 존경을 받기에 이르렀다.

대통령은 장군의 인기가 끝없이 오르자 그를 견제하기로 마음먹었다. 그러나 어떤 이유로도 장군의 인기를 꺾을 수가 없었다. 대통령은 최후의 방법을 쓰기로 했다. 그를 잡아다 감옥에 가두는 방법이었다. 부정부패라는 아주 사소한 이유를 붙여서 장군을 감옥에 가둔 대통령은 그제야 조금 안심이 되었다.

그러나 장군이 감옥에 갇혔다는 소식을 들은 국민들은 분노하기 시작했다. 국민들은 모이기만 하면 장군이 감옥에 갇힌 것은 부당하다는 이야기를 하였다. 참다못한 일부 성질 급한 국민들이 거리를 행진하면서 장군의 석방을 외치고 다니자 전 국민이 너도나도 들고일어나기 시작했다. 경찰력으로는 도저히 그 시위대를 막을 수가 없게 되었다. 그대로 놓아두었다가는 자신이 있는 대통령 관저로 시위대가 쳐들어올지도 모르는 일이었다.

대통령은 할 수 없이 장군을 풀어 주었다. 감옥에서 풀려난 장군을 환영하는 시민들의 함성은 전국에 메아리쳤다. 장군은 풀려나자마자 이전보다 더 국민들의 열화와 같은 지지를 받게 되었다.

이듬해 선거가 벌어지자 국민들은 장군에게 대통령에 출마할 것을 강력히 요구했다. 장군은 국민들의 뜻을 무시할 수 없어서 대통령 선거에 나가게 되었다. 결과는 압도적인 표차의 승리였다. 독재자의 뒤를 이어 장군은 새 대통령에 취임했다.

 정적을 제거하려 했던 독재자는 오히려 자신의 정적을 키운 결과가 되어 버린 것이다.

 .

*독재와 독단은 잠시 효력이 있는 것으로 보이나 결국 자신과 나라를 망치게 됩니다.

## 바흐의 일기

바흐가 궁정 교회의 지휘자로 부임한 것은 그를 잘 아는 스승님의 도움이 적지 않았다. 이전에 있었던 교회에서는 오르간 연주자로 있으면서 주일마다 미사 음악을 담당하였었는데, 그가 새로 부임한 교회는 합창단뿐만 아니라 오케스트라 연주자들도 있어서 음악 활동을 하기가 여간 편리한 것이 아니었다. 그리고 자신의 음악에 대해 주교님이 일절 뭐라 간섭하지 않아 자유로웠고, 단지 일요 미사 시간에 순서에 따라 오르간과 합창 그리고 오케스트라를 지휘하고 연주하는 일만 시간에 맞춰 제대로 하면 되었다. 주님의 일만

하면서 평생을 보내는 것이 소원이었던 바흐는 오랜만에 마음의 평화를 찾았다.

새 교회는 미사 음악에 참여하는 곡 연주자 수가 많아서 이들의 편성에 맞도록 새 곡들을 작곡하여 연주하는 일은 많은 정신적, 육체적 노동을 해야 하는 일이었다. 합창단들이나 악기 연주자들은 모두 다 성실하고 순수하여 지휘자인 바흐의 지시에 잘 따라주었는데, 그중 바흐가 가장 좋아하게 된 사람은 소프라노 가수 루디아였다. 루디아의 목소리는 하늘에서 내려온 천사의 목소리였고, 은혜와 감동이 충만하여 듣는 이들의 마음을 하나님의 축복으로 가득 차게 했다. 아무리 미천한 곡이더라도 그녀의 목소리를 통하여 들으면 곧바로 천상에서 울리는 음률이 되었기 때문에 바흐도 그녀의 독창 부분에 가장 신경을 써서 작곡했다. 바흐에게 있어서 그녀를 위한 멜로디를 쓰는 순간만큼은 더 없는 황홀함과 기쁨의 시간이었다.

바흐가 이 교회로 오기 전 이 교회에 있었던 전임 지휘자는 병이

깊어지자 지휘자석에서 가끔 빠지기도 했는데, 그가 부임하기 서너 달 전부터는 거의 무대에 서지 못했던 것 같았다. 결국, 지휘자 교체 이야기가 나오기 시작하자마자 기다렸다는 듯이 전임 지휘자가 바로 세상을 떠나고 말아 급히 지휘자를 구하다가 멀리 있는 바흐에게까지 연결되었다.

전임 지휘자가 지휘자석에 서지 못할 때에는 제일 바이올린의 연주자인 악장 비오티가 급히 그 대역을 맡아 꾸려 나갔었는데, 연주자인 관계로 앉은 채로 연주하면서 동시에 고갯짓이나 눈짓으로 합창단과 오케스트라를 이끌어 나갔다. 믿음이 깊은 비오티의 지도에 따라 음악팀의 음색은 지휘자가 없다는 것을 느낄 수 없을 정도로 훌륭하게 소리가 나왔고, 또 워낙 성실한 사람들이라 지휘자가 있건 없건 소리 나는 데에는 거의 다름이 없었다.

비오티는 바흐보다 나이가 스무 살이나 더 많은 대선배였는데, 워낙 성격이 겸손했고 그 많은 연주자 중에서도 가장 온순한 사람인 것 같았다. 바흐가 부임한 뒤 악장인 비오티는 단원들에게 바흐를 소개하며 정직과 신뢰로써 바흐와 단원들이 아름답게 맺어질 수 있도록 마음에서 우러나오는 노력을 하였다. 아마 비오티가 없었다면 바흐도 처음에 음색 맞추기가 조금은 힘이 들었을지도 모른다.

단원들은 비오티도 음악을 잘 만든다고 이야기했고 또 어떤 이들은 죽은 전임자보다 더 아름다운 것 같다고 말하는 이들도 있었다. 음악이야 원래 다 아름다운 것이지만 조금 더 아름답다 어떻다 하고 말하는 것은 개인의 취향에 달린 문제이므로 특별할 것은 없었다. 하나님 앞에 바쳐지는 순간 모든 음악은 가장 아름답고 성스러운 것 아닌가? 그래서 미사의 모든 절차에서 음악이 가장 중요한 역할을 하는 것이고, 그런 필요 때문에 곡이 연주되고 존재하는 것이었다.

하나님께서 원하시는 음악을 만드는 것이야말로 바흐에게는 선이었고 삶의 목표였다. 편안하고 쾌적한 음악적 환경을 주신 하나님께 감사하며 바흐는 열심히 음악을 만들어 나갔다. 먼 데서 오랫동안 여행을 하면서 왔던 바흐는 여독이 남아 몹시 피곤하기도 했지만 새 부임지에서 주교님과 교인들에게 실망하게 해 드릴 수는 없는 노릇이어서 부임하자마자 밤을 새우다시피 하면서 곡을 써 나갔다.

　이전 교회에서는 자신이 연주할 오르간 악보만 그리면 되었지만 여기서는 모든 부분의 단원들에게 나누어 줄 악보들을 다 그려야 하는 것이었기 때문에 그냥 사보만 하는 시간만도 엄청나게 많이 걸릴 수밖에 없었다. 한 주일에 잉크가 무려 세 통이나 소비될 정도였으니 전 같으면 감히 상상도 못 하는 작업량이었다. 이럴 줄 알았더라면 전임지에서 진작 좀 써서 올 걸 그랬다는 생각도 들었다. 그러나 신임 지휘자에 대한 보이지 않는 기대도 있는 터라 바흐는 음악 작업을 쉴 수가 없었다.

　결국, 두 달이 지나자 그 여파가 나타나기 시작했다. 과로였다. 오르간 앞에서 밤샘 작곡을 하던 바흐는 정신을 잃고 쓰러졌고, 쓰러진 채로 새벽 청소를 하러 왔던 수녀님들에게 발견되었다. 그의 안색은 노랗게 변해 있었고 눈에도 황달이 있었다. 피로 물질이 몸속에 쌓여 결국 그를 쓰러뜨린 것이었다. 들것에 실려 숙소로 오고 나서야 바흐는 겨우 정신을 차릴 수 있었다. 주교님은 바흐에게 즉각 한 달간의 휴가를 명령하였다. 그리고 임시 지휘자 역은 비오티에게 내려졌다. 바흐는 숙소에 누워 약을 먹으며 절대 안정을 취해야 했다. 주교님과 모든 교회 신도들에게 여간 미안한 것이 아니었다. 곡 연주 팀들에게도 미안했고, 자기 대신 음악책임을 지게 된 신앙심 깊은 비오티에게도 미안한 마음뿐이었다.

첫 주일 미사를 마치자 비오티와 루디아가 바흐에게 문병을 왔다. 바흐가 비오티에게 말했다. "악장님, 정말 죄송하게 되었습니다. 빨리 나아서 지휘하겠습니다." 그러자 비오티는 손을 가로저으며 말했다. "아닙니다, 아닙니다. 교회 일은 괘념치 마시고 몸 관리나 잘하십시오. 그렇지 않아도 우리 모든 단원이 미사 끝나고 나서 특별 기도를 올렸습니다." 바흐가 말했다. "정말 고맙습니다. 어서 속히 몸이 낫도록 노력하겠습니다." 루디아가 바흐에게 말했다. "많은 단원이 문병을 오려고 하였으나 오히려 해로우실 것 같아서 저희가 대표로 왔으니 선생님께서는 그리 알아주십시오." 그렇게 말하는 루디아의 조그만 입술이 너무나 예뻐 보였다. "내가 얼른 나아서 루디아를 위해 정말 아름다운 곡을 써 드리겠어요." 옆에서 듣고 있던 비오티가 거들었다. "그럼요! 그럼요!"

다시 일주일이 지나 바흐는 많이 회복되었지만, 지휘할 만큼 회복된 것은 아니었다. 약간은 어지러웠고 이따금 메스꺼웠다. 그러나 주일 미사에서 쓰이는 음악에 대해서 바흐는 누워서 모른 척하고 있을 수만은 없었다. 노수녀님의 부축을 받으며 바흐는 교회 2층의 맨 구석에 자리 잡고 앉아서 잠시 후 들려 올 음악에 신경을 쓰면서 앉아 있었다. 시간이 되어 자리는 거의 다 차고 미사는 시작되었다. 단원들과 비오티도 예의 자신들의 자리에 앉아 있었고 세상에서 가장 아름다운 소리와 마음을 가진 루디아도 소프라노 석에 앉아서 미사가 시작되기를 기다리고 있었다.

드디어 비오티의 눈 사인이 단원들에게 전달되었고 곡이 연주되기 시작했다. 음악은 현악기의 저음 부분부터 시작되었다. 이윽고 비올라의 중음이 겹쳐지면서 제1, 제2 바이올린의 하모니가 그 뒤를 이었다. 천상의 소리였다. 격렬한 남성들의 합창이 터져 나오고 드디어 루디아의 천사 같은 소프라노 소리가 귀에 들려 왔다. 그 소리는 그녀의 목에서 나오는 소리가 아니라 그녀의 맑고 고운 영혼에서 나오는 소리임이 분명했다. 멀어서 노래 가사는 잘 들리지 않았지만, 그녀가 지금 '예수의 고난 받으심' 부분을 노래하고 있다는 것을 바흐는 너무나도 잘 알 수 있었다. 이것이 바로 음악의 언어라는 것이다. 비오티가 쓴 영혼의 음악이 루디아라는 거룩한 악기를 통하여 흘러나오고 있었다. 너무나 아름답고 감동적인 광경이었다. 소리 없는 눈물이 바흐의 눈에서 흘러나왔다. 이제까지 살면서 결코 한 번도 들어 본 적이 없었던 아름다운 하늘의 음률이었다.

미사를 마치기 직전, 노수녀님의 부축을 받으며 자신의 숙소로 급히 돌아온 바흐는 말할 수 없는 충격에 빠져 있었다. 그렇게 아름답고 성스러운 음악은 일생 한 번도 들어 본 적이 없었던 음악이었다. 비오티의 음악은 하늘나라에서나 들을 수 있는 음악이었다. 자신보다 훨씬 더 훌륭한 음악가임은 물론이고, 음악가라기보다는 천사의 영혼을 가진 사람이었다.

미사가 끝나고 다시 비오티와 루디아가 바흐를 찾아왔다. 그렇게 아름다운 음악을 작곡하고 노래 부를 수 있는 두 사람을 보자 바흐는 말했다. "악장님, 당신을 존경합니다." 밑도 끝도 없는 바흐의 말에 비오티는 무슨 영문인지 몰라서 어리둥절해했다. "아니, 신생님. 무슨 말씀이십니까?" 바흐는 쩔쩔매는 비오티의 손을 잡으며 말했다. "악장님, 너무나 고맙습니다. 다음 주부터는 제가 지휘를 하겠습니다." 비오티는 바흐에게 말했다. "아닙니다, 선생님. 휴가는 아직 2주나 더 남았으니 푹 쉬셔서 건강을 회복하시고 나오십시오." 그러자 바흐가 말했다. "아닙니다, 다음 주에는 꼭 나갈 테니 모든 단원에게 말씀드려 주십시오." 말을 마친 바흐의 마음속에는 다음 주에 쓸 미사곡이 흐르고 있었다.

예상보다 일찍 지휘자석에 오른 바흐는 아직 다 낫지 않은 몸임에도 불구하고 전력을 다해서 지휘에 임했고, 단원들은 바흐가 아파지고 나서 조금 달라졌다는 것을 느낄 수 있었다. 바흐는 그 뒤로는 쓰러지지 않았다. 그리고 엄청나게 많은 곡을 작곡하여 오늘날 음악의 아버지라고까지 불리게 되었다. 비오티라는 존재 그 자체가 바흐의 창작력의 근본이었음은 물론이었다.

바흐의 악보는 교회 집사에 의하여 지하 창고에 잘 보관되었으며, 그 분량은 엄청난 것이어서 커다란 창고 하나를 다 채우고도 모자랄 지경이었다. 비오티의 악보도 같이 보관되었으나 몇 작품 되지 않았을 뿐만 아니라 사인이 없어서 분류상 어떻게 처리되었는지 알 수 없다. 바흐의 작품 중에는 비오티의 작품 못지않은 훌륭한 작품도 많았지만 숫자상으로 본다면 감히 비교할 수가 없을 정도로 바흐의 작품이 압도적으로 많았다.

\*이 이야기는 픽션임을 밝혀 둡니다.

바흐의 작품은 멘델스존에 의하여 발견되어 대가로 인정받게 되었습니다. 대가가 되려면 전문적인 지식만 갖고 있어서는 안 됩니다. 자기 작품에 대한 기획력도 함께 갖추고 있어야 하는 것입니다. 똑같은 음악적 재능을 갖고 있었음에도 비오티는 기획력이 없었던 반면, 바흐는 확실한 기획력을 갖고 있었기 때문에 오늘날 대가로 인정받게 된 것입니다.

## 공격 명령

 전투는 점점 치열해지고 적군의 저항도 더욱 거칠어졌다. 적병들이 쏘아대는 기관총 앞에서 아군들은 속수무책으로 쓰러져 갔다. 적병들은 매우 잘 훈련된 정규군들이었으며 시간이 갈수록 아군의 피해는 늘어만 갔다.
 미친 듯이 쏘아대는 기관총 세례를 피하여 일차 관문을 통과하고 난 아군들을 기다리고 있는 것은 날카로운 철조망의 가시덤불이었다. 총상을 입은 병사들은 철조망 가시에 찔려 힘없이 죽어 갔다. 용감한 몇몇 병사들의 활약에 힘입어 계속 전진하였지만, 그 거리는 얼마 되지 않는 것이었다. 그러나 그들의 활약으로 적병 몇 명을 포로로 잡을 수는 있었다.

새벽부터 시작한 전투는 점심시간쯤 되자 소강상태로 접어들었다. 잠시 오전 전투가 끝나자 전황이 급하게 집계되었다. 사망자만 무려 오만이 넘었다. 단일 전투치고는 피해가 너무 컸다. 게다가 부상자는 무려 그 다섯 배가 되는 숫자였다. 빼앗은 지역이라고는 겨우 진흙땅 몇 마일에 지나지 않았다. 그 사이 전황은 고국의 방송을 통하여 신속하게 퍼져 나갔고 빼앗은 지역의 거리와 사로잡은 포로에 대한 소식도 함께 전달되었다. 국민들은 병사들이 이 전투에서 꼭 이겨 승리를 쟁취해 주기를 간절히 바랐다.

점심때가 되자 지친 병사들에게 전투 식량이 배달되었다. 병사들은 담배를 나누어 피며 죽은 동료에 대한 애도의 뜻을 표했다. 전투가 어떻게 마무리되든 간에 살아 있는 자신들로서는 죽은 동료들에 대해 미안하고 슬픈 마음뿐이었다. 그리고 희생자가 많이 나는 이 전투가 어서 속히 끝나게 되기를 바랐다.

후방의 국민들은 용감하게 싸우는 자기 나라 병사들에게 격려와 환호를 아끼지 않았다. 그리고 이 전투가 어서 속히 마무리되어 병사들이 무사히 고국으로 돌아오기를 기도했다. 국민들의 뜨거운 열기는 전국적으로 퍼져 나갔고 드디어 수상은 전선에 있는 병사들에게 그들의 애국정신과 희생정신에 대해 감사의 특별 성명을 내기에 이르렀다. 모든 국민은 한마음 한뜻이 되어 승리를 기원했다.

국민들의 이러한 뜻을 전달받은 후방의 장군들은 전선에 있는 병사들에게 이러한 뜻을 전달하기로 했다. 그리하여 내려진 결정은 계속된 '공격 명령'이었다. 전선에 있는 병사들의 상태가 반영된 것은 아무것도 없었다. 명령에 따라 치러진 오후의 공격에서는 오전보다 더 많은 병사가 죽어 나갔다. 그러나 전선에서의 자세한 피해 상황은 축소되었거나 전황이 급박하다는 이유로 공개되지 않았다.

*진실은 알려진 것과는 많이 다를 수 있습니다. 그리고 현장의 뜻은 항상 무시되기 마련입니다.

# 술마시는 사람

어느 철학자가 제자들을 데리고 길을 걷고 있었다. 그런데 그 동네에서 혼인 잔치가 열리고 있었다. 사람들은 술과 음식을 먹으면서 잔치를 즐기고 있었다. 철학자와 제자들도 그 잔치 자리에 앉았다.

이윽고 술과 음식이 나오고 그들은 주인이 주는 음식을 맛있게 먹었다. 그러자 의심이 많은 한 제자가 그에게 말했다. "술 마시는 게 좋은 일입니까? 나쁜 일입니까?" 그러자 철학자는 말했다. "술 마시는 건 좋은 일이지." 그 제자는 고개를 끄덕이며 물러났.

잠시 후, 그들은 그 자리를 떠나 길을 가고 있었다. 그때 길가에

술이 만취되어 쓰러져 있는 사람이 있었다. 스승과 제자들이 그의 곁을 지나가게 되었다. 그때 한 제자가 스승에게 물었다. "스승님, 술 마시는 게 좋은 일입니까? 나쁜 일입니까?" 그러자 스승이 제자에게 말했다. "술 마시는 건 나쁜 일이지." 그러자 앞서 질문했던 제자가 스승을 쳐다보며 말했다. "스승님, 조금 전에 저에게는 술 마시는 일이 좋은 일이라고 하지 않았습니까?" 스승이 그 제자에게 말했다. "좋은 사람이 술 마시는 것은 좋은 일이고, 나쁜 사람이 술 마시는 것은 나쁜 일이다. 마찬가지로 좋은 사람이 쓰는 돈은 좋은 일이지만, 나쁜 사람이 쓰는 돈은 나쁜 일이다. 너희가 가장 먼저 힘써야 할 것은 어떤 사람이 되느냐이다."

제자는 스승을 시험하려 한 것에 부끄러움을 느끼고 자신의 지혜가 짧음을 뉘우쳤다.

\* 섣불리 남을 판단하려 드는 사람 가운데 현명한 사람은 없습니다. 남을 탓하기 전에 자신부터 돌아보는 사람이 되어야 합니다.